Nebo II

Dvanásť brán je dvanásť perál;
každá brána bola z jednej perly.
A námestie mesta bolo z rýdzeho zlata,
takého ako priezračné sklo.
(Zjv 21, 21)

Nebo II

Plné Božej Slávy

Dr. Jaerock Lee

Nebo II by Dr. Jaerock Lee
Vydavateľstvo Urim Books (Predstaviteľ: Kyungtae Noh)
73, Yeouidaebang-ro 22-gil, Dong, Dongjak Gu, Soul, Kórea
www.urimbooks.com

Pri preklade biblických citátov z angličtiny do slovenčiny bol použitý zdroj: Svätá Biblia, Jozef Roháček, 2007. Použité s dovolením.

Pôvodne vydané v kórejskom jazyku v roku 2009 vydavateľstvom Urim Books

Prvé vydanie Apríl 2017

Editoval Dr. Geumsun Vin
Navrhol Editorial Bureau of Urim Books
Vytlačil Prione Printing
Pre viac informácií kontaktujte urimbooks@hotmail.com

 Predslov

Modlím sa, aby ste sa stali pravými Božími deťmi a zdieľali pravú lásku vo večnom šťastí a radosti v Novom Jeruzaleme, kde kvitne Božia láska...

Všetku vďaku a chválu vzdávam Bohu Otcovi, ktorý mi jasne odhalil život v nebi a požehnal vydanie kníh *Nebo I: Také Čisté a Krásne ako Krištáľ* a *Nebo II: Plné Božej Slávy.*

Dlho som túžil podrobne spoznať nebo a vytrvalo som sa modlil a postil. Po siedmich rokoch Boh konečne vyslyšal moje modlitby a dnes mi odhaľuje hlboké tajomstvá duchovného sveta.

V prvej knihe tejto dvojdielnej série Nebo som krátko predstavil jednotlivé príbytky v nebesiach, rozdelil ich na raj, prvé kráľovstvo, druhé kráľovstvo, tretie kráľovstvo a Nový Jeruzalem. Druhá časť tejto série podrobnejšie popisuje najkrajšie a najslávnejšie miesto v nebi – Nový Jeruzalem.

Boh lásky ukázal Nový Jeruzalem apoštolovi Jánovi a dovolil mu zaznamenať to v Biblii. Dnes, keď je Pánov príchod tak blízko, Boh vylieva Ducha Svätého na nespočetné množstvo ľudí a oveľa podrobnejšie odhaľuje nebo. To je preto, aby neveriaci na celom svete začali veriť v posmrtný život, ktorý sa skladá z neba a pekla, a tí, ktorí vyznajú svoju vieru v Krista, budú v Ňom viesť víťazný život a budú šíriť evanjelium po celom svete.

To je dôvod, prečo apoštol Pavol, ktorý mal na starosti šírenie evanjelia pohanom, nabádal svojho duchovného syna Timoteja, hovoriac: *„Ty však buď vo všetkom triezvy, znášaj útrapy, konaj dielo evanjelistu, plň svoju službu"* (2 Tim 4, 5).

Boh mi jasne zjavil nebo a peklo, aby som do všetkých kútov sveta rozšíril udalosti veku, ktoré majú prísť. Boh chce, aby všetci ľudia získali spasenie, nechce, aby ani jedna duša išla do pekla. Navyše, Boh chce, aby čo najväčšie množstvo ľudí vstúpilo a naveky prebývalo v Novom Jeruzaleme.

Preto nikto nesmie súdiť alebo odsudzovať tieto Bohom dané posolstvá, ktoré sú zjavené skrze Ducha Svätého.

V *Nebi II* nájdete veľa tajomstiev týkajúcich sa neba, ako je vzhľad Boha, ktorý existoval už pred začiatkom vekov, Božieho trónu, a podobne. Verím, že tieto údaje a poznatky naplnia všetkých ľudí, ktorí úprimne túžia po nebi, obrovským šťastím a radosťou.

Nový Jeruzalem, ktorý je postavený nekonečnou láskou a úžasnou mocou Boha, je plný Jeho slávy. V Novom Jeruzaleme je duchovný summit, kde Boh sám seba sformoval do Najsvätejšej Trojice s cieľom kultivovať človeka a nachádza sa tam aj Boží trón. Viete si predstaviť aké nádherné, krásne a žiarivé bude to mesto? Je to také úžasné a sväté miesto, že žiadna ľudská múdrosť ho nemôže pochopiť!

Preto si musíte uvedomiť, že do Nového Jeruzalema nepôjdu všetci, ktorí sú spasení. Je daný len Božím deťom, ktorých srdce, po dlhodobej kultivácii na tomto svete, je také čisté a krásne ako krištáľ.

Mimoriadna vďaka patrí Geumsunovi Vinovi, riaditeľovi redakčného úradu a ďalším zamestnancom, ako aj prekladateľskému úradu tejto publikácie.

V mene Pánovom žehnám každého, kto číta túto knihu, aby sa stal pravým Božím dieťatom a zdieľal pravú lásku vo večnom šťastí a radosti v Novom Jeruzaleme, ktorý je naplnený Božou slávou!

Jaerock Lee

Úvod

Dúfam, že keď pochopíte najjasnejšie podrobnosti o Novom Jeruzaleme, získate požehnania a v nebi budete naveky prebývať tak blízko pri Božom tróne, ako je to možné...

Všetku vďaku a chválu vzdávam Bohu, ktorý nám požehnal vydanie diela *Nebo I: Také Čisté a Krásne ako Krištáľ* a teraz jeho pokračovanie *Nebo II: Plné Božej Slávy.*

Táto kniha sa skladá z deviatich kapitol, z ktorých všetky poskytujú jasný opis najsvätejšieho a najkrajšieho príbytku v nebi – Nový Jeruzalem – z hľadiska jeho veľkosti, krásy a života v ňom.

Kapitola 1, „Nový Jeruzalem: Plný Božej slávy," ponúka súhrn informácií o Novom Jeruzaleme a vysvetľuje tajomstvá, ako je Boží trón a summit duchovného sveta, kde Boh sám seba sformoval do Najsvätejšej Trojice.

Kapitola 2, „Mená dvanástich kmeňov a dvanástich apoštolov," popisuje vonkajší vzhľad Nového Jeruzalema. Je obklopený vysokými a obrovskými hradbami. Na týchto dvanástich bránach mesta, ktoré sú na všetkých štyroch svetových stranách, sú napísané mená dvanástich kmeňov Izraela. Na dvanástich základných kameňoch mesta sú mená dvanástich apoštolov s vysvetlením dôvodu a významu každého nápisu.

V kapitole 3, „Veľkosť Nového Jeruzalema," dozviete sa o vzhľade a rozmeroch Nového Jeruzalema. Táto kapitola vysvetľuje, prečo Boh meria veľkosť Nového Jeruzalema zlatou trstinou a aj to, že na vstup a prebývanie v tomto meste človek musí mať všetky príslušné duchovné kvalifikácie, ktoré sú merané zlatou trstinou. Dozviete sa tiež, prečo je šírka, dĺžka a výška Nového Jeruzalema šesťtisíc Ri, čo je tradičná kórejská miera.

Kapitola 4, „Postavený z rýdzeho zlata a drahokamov rôznych farieb," podrobne skúma každý materiál, z ktorého je Nový Jeruzalem postavený. Celé mesto je ozdobené rýdzim zlatom a inými drahými kameňmi a kapitola opisuje krásu ich farieb, jas a žiaru. Navyše tým, že vysvetľuje dôvod, prečo Boh ozdobil hradby mesta jaspisom a celý Nový Jeruzalem rýdzim zlatom, ktoré je ako priezračné sklo, kapitola tiež zdôrazňuje dôležitosť duchovnej viery.

V kapitole 5, „Význam dvanástich základných kameňov," dozviete sa o hradbách Nového Jeruzalema, ktoré sú postavené na dvanástich základných kameňoch a o kráse a duchovnom význame jaspisu, zafíru, chalcedónu, smaragdu, sardonyxu, sardionu, chryzolitu, berylu, topazu, chryzoprasu, hyacintu a ametystu. Ak spojíte duchovný význam každého z týchto dvanástich drahokamov, dostanete srdce Ježiša Krista a Božie srdce. Kapitola vás nabáda dosiahnuť srdce symbolizované dvanástimi drahokamami, aby ste mohli vstúpiť a naveky žiť v Novom Jeruzaleme.

Kapitola 6, „Dvanásť perlových brán a námestie zo zlata," vysvetľuje dôvody a duchovný význam toho, prečo Boh stvoril dvanásť perlových brán, ako aj duchovný význam námestia zo zlata, takého ako priezračné sklo. Rovnako ako perlorodka, ktorá kým vytvorí drahocennú perlu, znáša veľkú bolesť, táto kapitola vás povzbudzuje s vierou a nádejou bežať k dvanástim perlovým bránam Nového Jeruzalema prekonaním všetkých druhov ťažkostí a skúšok.

Kapitola 7, „Okúzľujúci vzhľad," vás vezme dovnútra za mestské hradby Nového Jeruzalema, ktorý je vždy jasne osvetlený. Dozviete sa duchovný význam frázy „Boh a Baránok sú jeho chrámom," veľkosť a krásu hradu, v ktorom býva Pán a slávu ľudí, ktorí vstúpia do Nového Jeruzalema, aby naveky prebývali s Pánom.

Kapitola 8, „Videl som sväté mesto, Nový Jeruzalem," opisuje dom človeka, ktorý spomedzi mnohých ľudí, ktorí vedli verný a svätý život na tejto zemi, získa v nebi veľké odmeny. Budete mať možnosť nahliadnuť do šťastných dní, ktoré na vás čakajú v Novom Jeruzaleme a dozviete sa o rôznych veľkostiach a nádhere nebeských domov, o veľkom množstve rôznych druhov zariadení a o celkovom živote v nebi.

Deviata, a zároveň, posledná kapitola, „Prvá hostina v Novom Jeruzaleme," vás prenesie na scénu prvej hostiny, ktorá sa bude konať v Novom Jeruzaleme po rozsudku veľkého bieleho trónu. S predstavením niektorých predkov viery, ktorí prebývajú v blízkosti Božieho trónu, kniha *Nebo II* končí požehnaním každého čitateľa, aby mal srdce, ktoré je čisté a jasné ako krištáľ, a tak mohol v Novom Jeruzaleme prebývať bližšie pri Božom tróne.

Čím viac sa o nebi dozviete, tým úžasnejším sa stáva. Nový Jeruzalem, ktorý možno považovať za „jadro" neba, je miesto, kde nájdete Boží trón. Ak viete o kráse a sláve Nového Jeruzalema, budete horlivo dúfať v nebo a s jasnou mysľou žiť život v Kristovi.

Keďže čas Ježišovho návratu, kedy už bude ukončená príprava našich príbytkov v nebi, je dnes veľmi blízko, dúfam, že s knihou *Nebo II: Plné Božej Slávy*, aj vy sa pripravíte na večný život.

V mene Pána Ježiša Krista sa modlím, aby ste mohli prebývať v blízkosti Božieho trónu tým, že sa stanete svätými s vrúcnou nádejou na život v Novom Jeruzaleme a budete verní vo všetkých vašich Bohom daných povinnostiach.

Geumsun Vin,
Riaditeľ vydavateľskej sekcie

 Obsah

Kapitola 1

Nový Jeruzalem:
Plný Božej slávy

„A v duchu ma preniesol
na veľký a vysoký vrch
a ukázal mi sväté mesto Jeruzalem,
ako zostupuje z neba od Boha
ožiarené Božou slávou.
Jeho jas bol podobný najdrahšiemu kameňu,
akoby krištáľovo čistému kameňu jaspisu. "

- Zjv 21, 10-11 -

Nebo je oblasť v štvorrozmernom svete, kde vládne sám Boh lásky a spravodlivosti. Aj keď je voľným okom neviditeľné, nebo určite existuje. Koľko šťastia, radosti, vďakyvzdania a slávy je v nebi, keďže to je ten najlepší darček, ktorý Boh pripravil pre Jeho spasené deti?

Ale v nebi sú rôzne príbytky. Je tam Nový Jeruzalem, v ktorom je Boží trón a je tam tiež raj, kde navždy prebývajú ľudia, ktorí dosiahli hanebné spasenie. Rovnako ako sa výrazne odlišuje život v chatrči od života na kráľovskom hrade na tejto zemi, je veľký rozdiel v sláve medzi vstupom do raja a vstupom do Nového Jeruzalema.

Ale niektorí veriaci považujú „nebo" a „Nový Jeruzalem" za jedno a to isté miesto a niektorí z nich ani nevedia, že Nový Jeruzalem existuje. Aké je to úbohé! Nie je jednoduché dosiahnuť nebo, aj keď o ňom viete. Ako teda môže človek napredovať k Novému Jeruzalemu bez toho, aby o ňom vedel?

Preto Boh zjavil Nový Jeruzalem apoštolovi Jánovi a dovolil, aby o ňom v Biblii podrobne napísal. Zjavenie 21 vysvetľuje Nový Jeruzalem do hĺbky a Ján bol dojatý už len pri pohľade na jeho vonkajší vzhľad.

V Zjavení 21, 10-11 vyznal: „*A v duchu ma preniesol na veľký a vysoký vrch a ukázal mi sväté mesto Jeruzalem, ako zostupuje z neba od Boha ožiarené Božou slávou. Jeho jas bol podobný najdrahšiemu kameňu, akoby krištáľovo čistému kameňu jaspisu.*"

Prečo je teda Nový Jeruzalem plný Božej slávy?

1. V Novom Jeruzaleme je Boží trón

V Novom Jeruzaleme je Boží trón. Aký plný Božej slávy bude Nový Jeruzalem, keďže v ňom prebýva sám Boh?

To je dôvod, prečo, ako vidíte v Zjv 4, 8, ľudia vo dne a v noci vzdávajú slávu, vďaku a česť Bohu: *„A každá z týchto štyroch bytostí mala šesť krídel, dookola i znútra boli plné očí a vo dne v noci bez prestania volali: ‚Svätý, svätý, svätý Pán Boh všemohúci, ktorý bol, ktorý je a ktorý príde!‘ "*

Nový Jeruzalem je tiež nazývaný „sväté mesto", pretože je stvorené Božím Slovom, ktoré je pravdivé, bez úhony, je samotným svetlom a nemá v sebe žiadnu tmu.

Jeruzalem je miesto, kde Ježiš, ktorý prišiel v tele, aby otvoril cestu spásy celému ľudstvu, kázal evanjelium a s láskou naplnil zákon. Preto Boh postavil Nový Jeruzalem pre všetkých veriacich, ktorí s láskou naplnia zákon.

Boží trón v centre Nového Jeruzalema

Tak teda, kde v Novom Jeruzaleme je Boží trón? Odpoveď je odhalená v Zjv 22, 3-4:

> *Už nikdy nebude nič prekliate. V ňom bude trón Boha a Baránka a jeho služobníci mu budú slúžiť; budú hľadieť na jeho tvár a na čele budú mať jeho meno.*

Boží trón sa nachádza v centre Nového Jeruzalema a iba tí, ktorí počúvajú Božie Slovo ako poslušní služobníci, môžu doň vstúpiť a vidieť Božiu tvár.

To je preto, lebo Boh nám v Hebr 12, 14 povedal: *„Usilujte sa o pokoj so všetkými a o svätosť, bez ktorej nik neuvidí Pána."* A v Mt 5, 8: *„Blahoslavení čistého srdca, lebo oni uvidia Boha."* Preto by ste si mali uvedomiť, že nie každý môže vstúpiť do Nového Jeruzalema, kde sa nachádza Boží trón.

Ako vyzerá Boží trón? Niektorí si môžu myslieť, že je to len veľká stolička, ale nie je to tak. V užšom slova zmysle to predstavuje miesto, kde Boh sedí, ale v širšom slova zmysle to odkazuje na Boží príbytok.

A tak, „Boží trón" odkazuje na príbytok Boha. Okolo Jeho trónu v centre Nového Jeruzalema sú dúhy a tróny dvadsatich štyroch starcov.

Dúhy a tróny dvadsatich štyroch starcov

V Zjv 4, 3-6 môžete cítiť krásu, vznešenosť a veľkosť Božieho trónu:

Ten, čo sedel, vyzeral ako jaspisový a sardionový kameň. Okolo trónu bola dúha, na pohľad ako smaragd. Okolo trónu bolo dvadsaťštyri trónov a na trónoch sedelo dvadsaťštyri starcov odetých do bieleho rúcha a na hlavách mali zlaté vence. Z trónu vychádzali blesky, hukot a hrmenie; pred trónom horelo sedem lámp, čo je sedem Božích duchov, a pred trónom bolo čosi ako sklené more podobné krištáľu. A v strede pred trónom i okolo trónu boli štyri živé bytosti, plné očí spredu i zozadu.

Bohu slúži mnoho anjelov a nebeských zástupov. Je tam aj mnoho ďalších duchovných bytostí, ako sú cherubíni a štyri živé bytosti, ktoré Ho strážia.

Pred Božím trónom je niečo ako sklené more. Vyzerá nádherne. Od jeho hladiny sa odráža mnoho druhov svetiel, ktoré obklopujú Boží trón.

Ako obklopuje Boží trón dvadsaťštyri starcov? Dvanásť z nich sa nachádza za Pánom a ďalších dvanásť za Duchom Svätým. Títo dvadsati štyria starci sú sväté osoby a majú právo vypovedať pred Bohom.

Boží trón je taký krásny, veľkolepý a obrovský, že siaha za akúkoľvek ľudskú predstavivosť.

2. Pôvodný Boží trón

Sk 7, 55-56 opisujú Štefanovo videnie trónu Baránka po pravej strane Božieho trónu:

Ale on, plný Ducha Svätého, uprene sa zahľadel na nebo, uvidel Božiu slávu a Ježiša stáť po pravici Boha a povedal: „Vidím otvorené nebo a Syna človeka stáť po pravici Boha."

Štefan sa stal mučeníkom ukameňovaním, keď odvážne kázal o Ježišovi Kristovi. Tesne predtým, ako Štefan zomrel, jeho duchovné oči sa otvorili a uvidel Pána ako stojí po pravej strane Božieho trónu. Pán nemohol zostať sedieť, vediac, že Štefan sa čoskoro stane rukami Židov mučeníkom, ktorí počúvali jeho posolstvo. Preto Pán vstal zo svojho trónu a pri pohľade na smrť kameňovaného Štefana, vyronil slzy a Štefan videl túto scénu s otvorenými duchovnými očami.

Štefan videl Boží trón, kde prebýva Boh a Pán a mali by ste si uvedomiť, že tento trón je iný ako trón, ktorý v Novom Jeruzaleme videl apoštol Ján. Boží trón, ktorý videl Štefan, je pôvodný Boží trón.

V skorších dobách, keď kráľ opustil palác, aby sa prešiel svojou krajinou, jeho zamestnanci postavili na kráľov dočasný pobyt budovu, ktorá pripomínala kráľov palác. Rovnakým spôsobom, Boží trón v Novom Jeruzaleme nie je trón, kde Boh obvykle zostáva, ale trón, kde prebýva len dočasne.

Pôvodný Boží trón na začiatku vekov

Pred začiatkom vekov Boh existoval sám a riadil celý vesmír (Ex 3, 14; Jn 1, 1; Zjv 22, 13). Vtedajší vesmír nebol taký istý ako ten, ktorý vidíme dnes. Pred rozdelením na duchovný a hmotný svet, bolo to jedno miesto. Boh existoval ako svetlo a ožiaroval celý vesmír.

Nebol len lúčom svetla, ale existoval ako žiarivé a krásne svetlo, ktoré pripomínalo prúd vody s farbami dúhy. Môžete to ľahšie pochopiť, ak si predstavíte polárnu žiaru v okolí severného pólu. Polárna žiara je skupina rôznych farbieb svetla, rozprestretá ako záclona, a hovorí sa, že je taká nádherná, že ten, kto ju raz uvidí, už nikdy nezabudne jej krásu.

Tak teda, o koľko krajšie sú svetlá Boha – ktorý je Svetlom – a ako môžeme vyjadriť nádheru toľkých krásnych svetiel zmiešaných dokopy?

To je dôvod, prečo je v 1 Jn 1, 5 napísané: *„A toto je zvesť, ktorú sme od neho počuli a vám zvestujeme: Boh je svetlo a niet v ňom nijakej tmy.“* Dôvod, prečo sa hovorí, že „Boh je svetlo", je nielen na vyjadrenie duchovného významu, že Boh v sebe nemá žiadnu tmu, ale tiež k popisu Božieho vzhľadu, ktorý existoval ako svetlo pred začiatkom vekov.

Tento Boh, ktorý pred začiatkom vekov existoval len ako svetlo vo vesmíre, mal hlas. Boh existoval ako svetlo naplnené hlasom a ten hlas je „Slovo", ktoré spomína Jn 1, 1: *„Na počiatku bolo Slovo a Slovo bolo u Boha a to Slovo bolo Boh.“*

V priestore, kde Boh existoval ako svetlo s hlasom, existujú oddelené priestory pre Otca, Syna a Ducha Svätého, kde môžu zostávať a oddychovať oddelene. V oblasti vesmíru, kde bol pôvodný Boží trón na začiatku vekov, je priestor na odpočinok, miestnosti na konverzáciu, ale aj chodníky na prechádzky.

Len veľmi mimoriadni anjeli a tí, ktorých srdce sa podobá na Božie srdce, môžu vstúpiť na toto miesto. Toto miesto je oddelené, tajomné a zabezpečné voči vstupu nepovolaných osôb. Navyše, toto miesto, kde je trón Najsvätejšej Trojice, nachádza sa v priestore, kde Boh existoval len na začiatku vekov, a je to vo štvrtom nebi, ktoré je od Nového Jeruzalema v treťom nebi oddelené.

3. Baránkova nevesta

Boh chce, aby sa všetci ľudia podobali Jeho srdcu a vstúpili do Nového Jeruzalema. On preukazuje milosrdenstvo aj tým, ktorí nedosiahli túto úroveň svätosti skrze kultiváciu človeka. Nebeské kráľovstvo rozdelil do mnohých príbytkov, od raja cez prvé, druhé až po tretie nebeské kráľovstvo a Jeho deti odmeňuje podľa toho, čo urobili.

Boh dáva Nový Jeruzalem Jeho pravým deťom, ktoré sú úplne sväté a boli verné v celom Jeho dome. Nový Jeruzalem postavil na pamiatku Jeruzalema, základu evanjelia, a ako novú loď, ktorá obsahuje všetko pre tých ľudí, ktorí s láskou splnili zákon.

V Zjv 21, 2 čítame, že Boh pripravil Nový Jeruzalem tak krásne, že Jánovi mesto pripomínalo nevestu, nádherne ozdobenú pre svojho ženícha:

A videl som, ako z neba od Boha zostupuje sväté mesto, nový Jeruzalem, vystrojené ako nevesta, ozdobená pre svojho ženícha.

Nový Jeruzalem je ako nádherne ozdobená nevesta

Boh v nebi pripravuje nádherné príbytky pre Pánove nevesty, ktoré sa krásne pripravujú na prijatie duchovného ženícha – Pána Ježiša – a to obriezkou srdca. Najkrajším miestom medzi týmito večnými príbytkami je Nový Jeruzalem.

To je dôvod, prečo Zjv 21, 9 opisuje Nový Jeruzalem, ktorý je najkrajšie ozdobený pre nevesty Pána, ako *„nevestu, Baránkovu manželku!"*

Aký úchvatný bude Nový Jeruzalem, keďže je najlepším darom pre Pánove nevesty, ktorý pripravil sám Boh lásky? Ľudia budú veľmi dojatí pri vstupe do príbytkov, ktoré pre nich do najmenších detailov postavil Boh Jeho láskou. Boh každý dom postavil presne podľa vkusu majiteľa.

Nevesta slúži svojmu manželovi a vytvára mu miesto pre odpočinok. A rovnako aj domy v Novom Jeruzaleme slúžia a poskytujú všetko nevestám Pána. Miesto je také pohodlné a bezpečné, že ľudia sú naplnení šťastím a radosťou.

Na tomto svete bez ohľadu na to, ako dobre slúži manželka svojmu manželovi, nemôže mu poskytnúť dokonalý pokoj a radosť. Avšak domy v Novom Jeruzaleme poskytujú taký pokoj a takú radosť, ktoré ľudia nemôžu okúsiť na tomto svete, pretože tieto domy sú postavené pre dokonalé uspokojenie vkusu majiteľa. Domy sú postavené krásne a nádherne podľa vkusu majiteľov, pretože sú pre ľudí, ktorých srdcia sa podobajú Božiemu srdcu. Aké budú úžasné a skvelé, keďže sám Pán má na starosti ich výstavbu?

Ak skutočne veríte v nebo, budete šťastní už len pri pomyslení na to, koľko anjelov stavia nebeské príbytky zo zlata a z drahokamov na príkaz Boha, ktorý odmeňuje každého človeka podľa toho, čo urobil.

Viete si predstaviť, o koľko šťastnejší a radostnejší bude život v Novom Jeruzaleme, ktorý vám slúži a objíma vás ako manželku?

Nebeské domy sú ozdobené podľa skutkov ľudí

Nebeské domy sú stavané od doby, keď náš Pán vstal z mŕtvych a vystúpil do neba a sú stavané ešte aj dnes podľa našich skutkov. Preto príbytky pre ľudí, ktorých životy na tejto zemi sa už skončili, sú dokončené, základy sú položené, stĺpy niektorých domov sú postavené; a práce na iných domoch sú takmer dokončené.

Po dokončení všetkých nebeských príbytkov pre veriacich, Pán sa vráti na zem, ale tentoraz vo vzduchu:

> *V dome môjho Otca je mnoho príbytkov. Keby to tak nebolo bol by som vám povedal, že vám idem pripraviť miesto?! Keď odídem a pripravím vám miesto, zasa prídem a vezmem vás k sebe, aby ste aj vy boli tam, kde som ja* (Jn 14, 2-3).

Večné príbytky spasených ľudí budú rozdelené na základe rozsudku bieleho trónu.

Keď majiteľ vstúpi do svojho príbytku a odmeny boli rozhodnuté podľa miery viery každého človeka, domy potom budú dokonalo žiariť. Je to preto, lebo po vstupe do domu majiteľ a dom vytvoria ideálny pár, rovnako ako sa manžel a manželka stanú jedným telom.

Do akej miery bude Nový Jeruzalem plný Božej slávy, keďže sa v ňom nachádza Boží trón, a mnohé domy sú postavené pre pravé Božie deti, ktoré sa s Ním naveky budú deliť o pravú lásku?

4. Jasný ako žiariace drahokamy a čistý ako krištáľ

Keď pod vedením Ducha Svätého apoštol Ján videl sväté mesto – Nový Jeruzalem, bol v úžase a mohol iba takto vyznať:

A v duchu ma preniesol na veľký a vysoký vrch a

ukázal mi sväté mesto Jeruzalem, ako zostupuje z neba od Boha ožiarené Božou slávou. Jeho jas bol podobný najdrahšiemu kameňu, akoby krištáľovo čistému kameňu jaspisu (Zjv 21, 10-11).

Pri pohľade na nádherný Nový Jeruzalem z vrcholu hory, kde bol Ján vedený Duchom Svätým, vzdal Bohu slávu.

Nový Jeruzalem, ožiarený Božou slávou

Čo znamená, že jas Nového Jeruzalema, ktorý je ožiarený Božou slávou, je „podobný najdrahšiemu kameňu, akoby krištáľovo čistému kameňu jaspisu?" Existuje mnoho druhov drahokamov a majú rôzne názvy v závislosti od ich zloženia a farby. Aby boli považované za drahé, musia vynikať krásnymi farbami. To znamená, že výraz „podobný najdrahšiemu kameňu" znamená, že ide o dokonalú krásu. Apoštol Ján prirovnal krásny jas Nového Jeruzalema k jasu drahých kameňov, ktoré ľudia považujú za veľmi vzácne a krásne.

Navyše, Nový Jeruzalem má obrovské a grandiózne domy a je ozdobený nebeskými drahokamami, ktoré žiaria úchvatným jasom a už pri pohľade z diaľky je tento jas žiarivý a krásny. Modrasté biele svetlo, ktoré žiari mnohými farbami, vyzerá ako keby objímalo Nový Jeruzalem. Aké to bude pôsobivé a príjemné!

Zjv 21, 18 nám hovorí, že hradby Nového Jeruzalema sú postavené z jaspisu. Na rozdiel od nepriehľadného jaspisu na tejto zemi, jaspis v nebi má modrastú farbu a je taký krásny a jasný, že keď sa naň pozriete, máte pocit, že sa pozeráte do priezračnej vody. Je takmer nemožné vyjadriť krásu jeho farby slovami tohto sveta. Možno sa to dá prirovnať k ligotavému modrému svetlu odrážajúcemu sa vo vlnách. Navyše, jeho farbu môžeme vyjadriť iba ako jasnú, modrastú a bielu. Jaspis predstavuje eleganciu a čistotu Boha a Boh je „spravodlivosť", ktorá je bez poškvrny, číra a čestná.

V nebi je mnoho druhov krištáľov a z nebeského hľadiska to odkazuje na bezfarebný, transparentný a tvrdý kameň, ktorý je číry a jasný ako čistá voda. Číry a jasný krištáľ bol kedysi značne používaný na dekorácie, pretože je nielen jasný a transparentný, ale aj krásne odráža svetlo.

Krištáľ, aj keď nie je príliš drahý, nádherne odráža svetlá, ktoré potom pripomínajú dúhu. Okrem toho, Boh svojou mocou umiestnil nádheru slávy v nebeskom krištáli, a preto nemôže byť porovnávaný s krištáľmi na tejto zemi. Apoštol Ján sa pokúšal vyjadriť krásu, priezračnosť a jas Nového Jeruzalema krištáľom.

Sväté mesto, Nový Jeruzalem, je plný úžasnej Božej slávy. Aký nádherný, krásny a ožiarený bude Nový Jeruzalem, keďže sa tu nachádza Boží trón a summit, kde Boh sám seba sformoval do Najsvätejšej Trojice?

Kapitola 2

Mená dvanástich kmeňov
a dvanástich apoštolov

1. Brány stráži dvanásť anjelov

2. Mená dvanástich kmeňov Izraela napísaných

   na dvanástich bránach

3. Mená dvanástich apoštolov napísaných na dvanástich

   základných kameňoch

*„ Malo veľké a vysoké hradby. Malo
dvanásť brán a na bránach dvanásť
anjelov a napísané mená dvanástich
kmeňov synov Izraela. Tri brány boli od
východu, tri brány od severu, tri brány
od juhu a tri brány od západu. Hradby
mesta mali dvanásť základných kameňov
a na nich dvanásť mien dvanástich
Baránkových apoštolov. "*

- Zjv 21, 12-14 -

Nový Jeruzalem je obklopený hradbami, ktoré žiaria jasným a trblietavým jasom. Pri pohľade na veľkosť, vznešenosť, krásu a slávu týchto hradieb, každý stráca reč.

Mesto má tvar štvorca a má tri brány na každej svetovej strane: východ, západ, sever a juh. Spolu má dvanásť brán a je nepredstaviteľne obrovský. Každú bránu stráži dôstojný a majestátny anjel a na týchto bránach sú napísané mená dvanástich kmeňov.

Okolo hradieb Nového Jeruzalema je dvanásť základných kameňov, na ktorých stojí dvanásť stĺpov, a na týchto základných kameňoch sú napísané mená dvanástich učeníkov. Všetko v Novom Jeruzaleme je stvorené s číslom 12, od počtu svetiel až po jeho základ. Má to pomôcť k ľahšiemu pochopeniu, že Nový Jeruzalem je miestom pre tie deti svetla, ktorých srdcia sa podobajú srdcu Boha, ktorý Je sám svetlom.

Poďme sa teraz pozrieť na dôvody, prečo dvanásť anjelov stráži dvanásť brán Nového Jeruzalema, a prečo sú po celom meste zaznamenané mená dvanástich kmeňov a dvanástich apoštolov.

1. Brány stráži dvanásť anjelov

V dávnych dobách mnoho vojakov alebo stráží strážilo brány hradov, v ktorých žili králi alebo iní vysoko postavení úradníci. Toto opatrenie bolo nevyhnutné pre ochranu budov pred nepriateľmi a votrelcami. Dvanásť anjelov stráži brány Nového Jeruzalema, aj napriek tomu, že nikto nepovolaný doň nemôže vstúpiť ani ho napadnúť, pretože v meste je Boží trón. Aký je teda dôvod?

Vyjadriť bohatstvo, autoritu a slávu

Nový Jeruzalem je taký obrovský a veľkolepý, že je to nad ľudskú predstavivosť. Veľkolepé Zakázané mesto v Číne, v ktorom bývali vládcovia, je rovnako veľké ako dom jednotlivcov v Novom Jeruzaleme. Dokonca aj veľkosť Veľkého čínskeho múru, jedného zo siedmich divov antického sveta, nemôže byť porovnávaná s Novým Jeruzalemom.

Prvým dôvodom, prečo dvanásť anjelov stráži brány, je symbol bohatstva, cti, autority a slávy. Dokonca aj dnes majú vplyvní alebo bohatí ľudia súkromné stráže v okolí svojich domov, a to poukazuje na bohatstvo a autoritu majiteľov.

Je teda samozrejmé, že anjeli na vyšších pozíciách strážia brány Nového Jeruzalema, kde je Boží trón. Už pri prvom pohľade na dvanástich anjelov, ktorých prítomnosť zvýrazňuje krásu a slávu Nového Jeruzalema, môžete cítiť autoritu Boha a obyvateľov Nového Jeruzalema.

Ochraňovať Bohom prijaté deti

Čo je teda druhým dôvodom, prečo dvanásť anjelov stráži brány Nového Jeruzalema? Hebr 1, 14 hovorí: *„Či nie sú všetci služobnými duchmi, poslanými slúžiť tým, čo majú dostať do dedičstva spásu?"* Boh horiacimi očami chráni svoje deti, ktoré žijú na tejto zemi a posiela im na pomoc anjelov. Preto tí, ktorí žijú podľa Božieho Slova, nepadnú do rúk Satana, ale budú uchránení od skúšok, problémov, prírodných a človekom spôsobených katastrof, chorôb a úrazov.

V nebi je obrovské množstvo anjelov, ktorí plnia svoje povinnosti v súlade s Božím Slovom. Medzi nimi sú anjeli, ktorí sledujú, nahrávajú a oznamujú Bohu každý skutok každého človeka, či už je veriaci, alebo nie je. V súdny deň si Boh spomenie na každé slovo, ktoré človek povedal a odmení ho podľa toho, čo urobil.

Všetci anjeli sú duchovia, nad ktorými má kontrolu Boh a je zrejmé, že chránia a starajú sa o Božie deti aj v nebi. Samozrejme, že v nebi nebudú žiadne nehody alebo iné nebezpečenstvá, pretože tam nie je žiadna tma, ktorá patrí nepriateľovi diablovi. Je pre nich prirodzenou povinnosťou slúžiť svojim pánom. Táto povinnosť nie je vynútená, ale vykonávajú ju dobrovoľne podľa zákona a harmónie duchovného sveta. Je to prirodzené poslanie anjelov.

Udržiavať v Novom Jeruzaleme pokoj a mier

Čo je teda tretí dôvod, prečo dvanásť anjelov stráži brány Nového Jeruzalema?

Nebo je dokonalý duchovný svet bez akýchkoľvek chýb a je v ňom dokonalý poriadok. Neexistuje tam žiadna nenávisť, hádky alebo rozkazy, ale je riadený a udržiavaný len príkazmi Boha.

Dom, rozdelený proti sebe, neobstojí. Rovnakým spôsobom, aj svet Satana nepracuje proti nemu, ale podľa určitého poriadku (Mk 3, 22-26). O koľko správnejšie bude riadené Božie kráľovstvo a o koľko v ňom bude väčší poriadok?

Napríklad, hostina v Novom Jeruzaleme sa vyvíja podľa plánu. Spasené duše v treťom, druhom a prvom nebeskom kráľovstve a v raji, smú vstúpiť do Nového Jeruzalema len na základe pozvánky a podľa duchovného poriadku. Tam budú potešovať Boha a zdieľať radosť spolu s obyvateľmi Nového Jeruzalema.

Ak by mohli spasené duše z raja, z prvého, druhého a tretieho nebeského kráľovstva voľne, kedykoľvek sa im zachce, vstúpiť do Nového Jeruzalema, čo by sa stalo? Rovnako ako hodnota aj tých najlepších a najcennejších objektov klesne, ak o nich nie je správne postarané, ak by bol zákon v Novom Jeruzaleme porušený, postupom času a častým používaním by jeho krása nemohla byť správne udržiavaná.

Preto pre pokoj a mier v Novom Jeruzaleme je potrebných dvanásť brán a anjeli, ktorí strážia každú bránu. Samozrejme, že kvôli rozdielu v sláve, veriaci v treťom nebeskom kráľovstve a nižšie, nemôžu voľne vstupovať do Nového Jeruzalema, aj keby žiadny anjel brány nestrážil. Anjeli zabezpečujú dôslednejšie zachovávanie poriadku.

2. Mená dvanástich kmeňov Izraela napísaných na dvanástich bránach

Aký je teda dôvod napísania mien dvanástich kmeňov Izraela na brány Nového Jeruzalema? Mená dvanástich kmeňov Izraela symbolizujú skutočnosť, že dvanásť brán Nového Jeruzalema vzniklo z dvanástich kmeňov Izraela.

Dôvod stvorenia dvanástich brán

Adam a Eva, ktorí boli asi pred šesťtisíc rokmi vyhnaní z raja

Edenu kvôli hriechu neposlušnosti, mali mnoho detí, keď žili na tejto zemi. Keď bol svet plný hriechu, každý, okrem Noema a jeho rodiny – spravodlivého muža medzi ľuďmi jeho doby, bol potrestaný a zahynul vo vode.

Potom asi pred štyritisíc rokmi sa narodil Abrahám, a keď nadišiel čas, Boh ho ustanovil za praotca viery a hojne ho požehnal. V Gn 22, 17-18 Boh Abrahámovi prisľúbil:

„Zahrniem ťa požehnaním a prenáramne rozmnožím tvoje potomstvo. Bude ho ako hviezd na nebi a ako piesku na morskom brehu. Tvoje potomstvo sa zmocní brán svojich nepriateľov a v tvojom potomstve budú požehnané všetky národy zeme preto, že si poslúchol môj hlas. "

Verný Boh ustanovil Jakuba, vnuka Abraháma, za zakladateľa Izraela a položil tak základy na vytvorenie národa z jeho dvanástich synov. Potom asi pred dvetisíc rokmi Boh poslal Ježiša, ktorý pochádzal z Júdovho kmeňa a otvoril cestu spásy pre celé ľudstvo.

Týmto spôsobom Boh stvoril ľud Izraela s dvanástimi kmeňmi, aby splnil požehnanie, ktoré dal Abrahámovi. Navyše, na znázornenie a označenie tejto skutočnosti Boh postavil v Novom Jeruzaleme dvanásť brán a napísal na ne mená týchto dvanástich kmeňov Izraela.

Teraz sa pozrieme bližšie na Jakuba, praotca Izraela, a dvanásť kmeňov.

Jakub, praotec Izraela, a jeho dvanásť synov

Jakub, vnuk Abraháma a syn Izáka, prefíkaným spôsobom vzal prvorodenstvo staršiemu bratovi Ezauovi, a preto musel utiecť k strýkovi Labanovi. Počas svojho dvadsaťročného pobytu v Labanovom dome, Boh zušľachťoval Jakuba, až kým sa nestal praotcom Izraela.

Od Gn 29, 21 a ďalej, je podrobne opísané Jakubovo manželstvo a narodenie jeho dvanástich synov. Jakub miloval Ráchel a Labanovi sľúbil, že mu bude slúžiť sedem rokov, aby sa s ňou mohol oženiť. Ale bol strýkom oklamaný a musel sa oženiť s Leou, jej sestrou. Labanovi musel sľúbiť, že mu bude slúžiť ďalších sedem rokov, aby sa s Ráchel mohol oženiť. Jakub sa nakoniec oženil s Ráchel a miloval ju viac než jej sestru Leu.

Boh sa zmiloval nad Leou, ktorú jej manžel nemiloval a otvoril jej lono. Lea porodila Rúbena, Simeóna, Léviho a Júda. Jakub miloval Ráchel, ale ona mu nemohla určitú dobu porodiť synov. Začala na sestru žiarliť a manželovi dala za ženu svoju slúžku Bálu. Bála porodila Dana a Naftaliho. Keď Lea nemohla otehotnieť, dala Jakubovi za ženu svoju slúžku Zilfu a Zilfa porodila Gáda a Asera.

Neskôr Lea doskala od Ráchel súhlas na strávenie noci s Jakubom ako výmenu za jablká jej prvého syna Rúbena. Porodila Izachára a Zebulona a dcéru Dínu. Potom sa Boh rozpamätal na Ráchel, ktorá bola neplodná a otvoril jej lono, a vtedy sa jej narodil Jozef. Po narodení Jozefa dostal Jakub od Boha príkaz prejsť cez rieku Jabbok a vrátiť sa späť do rodného mesta so svojimi dvoma manželkami, dvoma slúžkami a jedenástimi synmi.

V dome strýka Labana Jakub dve desaťročia prechádzal

skúškami. Potom sa pokoril a modlil sa až dovtedy, kým nemal vyšinutý kĺb bedra pri rieke Jabbok na ceste do rodného mesta. Neskôr dostal nové meno „Izrael" (Gn 32, 28). Izrael sa tiež zmieril s bratom Ezauom a žil v krajine Kananejskej. Prijal požehnanie stať sa praotcom Izraela a Ráchel mu porodila posledného syna Benjamína.

Dvanásť pokolení Izraela, vyvoleného Božieho národa

Jozef, ktorého jeho otec Izrael miloval spomedzi dvanástich synov najviac, bol predaný do Egypta vo veku sedemnástich rokov jeho bratmi, ktorých pohltila žiarlivosť. V Božej prozreteľnosti vo veku tridsiať rokov sa Jozef stal predsedom vlády v Egypte. Boh vediac, že v Kananejskej krajine nastane hrozný hladomor, najprv poslal do Egypta Jozefa, a potom dovolil celej jeho rodine, aby sa tam presťahovala a rozmnožila, aby sa ich počet zvýšil dostatočne na vytvorenie národa.

V Gn 49, 3-28 Izrael žehná svojich dvanástich synov tesne predtým, ako naposledy vydýchol a oni sú dvanástimi izraelskými kmeňmi:

„Rúben! Ty si môj prvorodený,
ty si moja sila a prvotina mojej mužskosti" (v 3)...
„Simeon a Lévi sú praví bratia,
ľstivosť a násilie sú ich zbrane" (v 5)...
„Júda, ty si ten, ktorého budú chváliť tvoji bratia!" (v 8)...
„Zebulon býva na morskom pobreží, (v 13)...
Isachar je osol kostnatý,
čo odpočíva za ohradami" (v 14)...

„Dan vymôže právo svojmu ľudu
ako jeden z kmeňov Izraela" (v 16)...
„Gad doliehajú naň bandy zbojnícke,
lež on im šliape na päty" (v 19)...
„Aser má jedla nadbytok,
ba dodáva i kráľovské lahôdky" (v 20)...
„Naftali je sťa rýchla jelenica,
preukáže sa krásnymi rečami" (v 21)...
„Ovocný stromček je Jozef ovocný stromček pri prameni,
jeho ratoliestky prerastajú múr" (v 22)...
„Benjamín je dravý vlk,
čo ráno korisť zožiera a večer korisť delí" (v 27)...

Všetci títo sú dvanástimi kmeňmi Izraela, a to je to, čo im ich otec povedal, keď ich žehnal požehnaniami vhodnými pre každého z nich. Požehnania boli rozdielne, pretože každý syn (kmeň), mal iné vlastnosti, osobnosť, skutky a povahu.

Skrze Mojžiša dal Boh zákon dvanástim kmeňom Izraela, ktorí vyšli z Egypta a viedol ich do zeme Kananejskej, ktorá oplývala mliekom a medom. V Dt 33, 5-25 vidíme Mojžiša, ako pred smrťou požehnáva ľud Izraela.

„Nech žije Rúben a nech nezomrie,
hoc bude počtom malý!" (v 6)...
Toto pre Júdu hovoril:
„Počuj, Pane, Júdov hlas a k jeho ľudu" (v 7)...
O Lévim hovoril:
„Tvoje tumim a tvoje urim patria mužovi,
čo zasvätený ti je, " (v 8)...

O Benjamínovi hovoril:
„Miláčik Pánov nech bezpečne si býva;" (v 12)...
A o Jozefovi hovoril:
„Jeho kraj nech požehnáva Pán darmi nebies zhora a mora,
čo v hlbinách leží" (v 13)...
To sú myriády Efraimove a tisíce Menaššeove. (v 17)...
O Zebulonovi hovoril:
„Raduj sa, Zabulon, na svojich cestách a ty,
Isachar, vo svojich stanoch!" (v 18)...
O Gadovi hovoril:
„Nech je zvelebený ten,
čo Gada rozšíri!" (v 20)...
O Danovi hovoril:
„Dan je lev mladý,
čo vyrazí z Bášanu" (v 22)...
O Naftalim hovoril:
„Naftali oplýva šťastím,
naplnený požehnaním Pána" (v 23)...
A o Aserovi hovoril:
„Medzi synmi je požehnaný Aser;" (v 24)...

Lévi, spomedzi dvanástich synov Izraela, bol vylúčený z dvanástich kmeňov, aby sa stal kňazom a patril Bohu. Namiesto toho, Jozefovi dvaja synovia Menašše a Efraim vytvorili dva kmene, aby nahradili Levítov.

Mená dvanástich kmeňov napísaných na dvanástich bránach

Ako teda môžeme my, ktorí nepatríme k dvanástim izraelským kmeňom ani nie sme priamymi potomkami Abraháma, byť spasení a prejsť dvanástich bránami, na ktorých sú napísané mená dvanástich kmeňov?

Odpoveď na túto otázku môžeme nájsť v Zjv 7, 5-8:

Z Júdovho kmeňa dvanásťtisíc označených, z Rúbenovho kmeňa dvanásťtisíc, z Gádovho kmeňa dvanásťtisíc, z Aserovho kmeňa dvanásťtisíc, z Naftaliho kmeňa dvanásťtisíc, z Menaššeovho kmeňa dvanásťtisíc, zo Simeónovho kmeňa dvanásťtisíc, z Léviho kmeňa dvanásťtisíc, z Issacharovho kmeňa dvanásťtisíc, zo Zebulonovho kmeňa dvanásťtisíc, z Jozefovho kmeňa dvanásťtisíc, z Benjamínovho kmeňa dvanásťtisíc označených.

Na rozdiel od knihy Genesis a Deuteronómium je v týchto veršoch meno Júdovho kmeňa na prvom mieste a meno Rúbenovho kneňa nasleduje za ním. Meno Danovho kmeňa je vymazané a je pridané meno Menaššeovho kmeňa.

V 1 Kr 12, 28-31 je zaznamenaný vážny hriech Danovho kmeňa:

Preto sa kráľ poradil a urobil dve zlaté teľce a povedal ľudu: „Nechoďte viac do Jeruzalema! Hľa, tvoji bohovia, Izrael, ktorí ťa vyviedli z Egypta!"

*Jedno umiestil v Beteli a druhé dal do Danu. Táto vec
zvádzala na hriech. K jednému išiel ľud až do Danu.
Potom narobil svätýň na výšinách a ustanovil kňazov
zo spodiny ľudu, ktorí neboli leviti.*

Jeroboam, ktorý sa stal prvým kráľom južného kráľovstva
Izraela, myslel si, že aj keď ľudia išli prinášať obete v Pánovom
chráme v Jeruzaleme, opäť sa stanú oddanými svojmu pánovi
Jeroboamovi – júdskemu kráľovi. Kráľ urobil dve zlatá teľatá,
jedno umiestnil v Beteli a druhé do Danu. Zakázal ľuďom ísť do
Jeruzalema prinášať obete Bohu a vábil ich slúžiť v Beteli a v Dane.

Danov kmeň spáchal hriech modloslužobníctva a z
obyčajných ľudí urobil kňazov Boha, aj napriek tomu, že žiadny
iný kmeň okrem Levítov sa nesmel stať kňazmi. A v pätnásty
deň ôsmeho mesiaca zaviedli festival, rovnaký ako festival, ktorý
sa konal v Júdsku. Boh nemohol odpustiť ani jeden z týchto
hriechov a opustil ich.

Tak bolo meno Danovho kmeňa vynechané a nahradené
menom Menaššeovho kmeňa. To, že bude pridané meno
Menaššeovho kmeňa, bolo prorokované v Gn 48, 5. Jakub
povedal synovi Jozefovi:

*„Preto tvoji dvaja synovia, ktorí sa ti narodili v
Egypte, budú moji. Efraim a Menašše budú moji, ako
sú Rúben a Simeón.“*

Jakub, otec Izraela, už prijal Menaššeho a Efraima za svojich
synov. A tak v Knihe Zjavenia v Novom zákone je namiesto
mena Danovho kmeňa zaznamenané meno Menaššeovho

kmeňa.

Skutočnosť, že meno Menaššeovho kmeňa je zaznamenané medzi dvanástimi kmeňmi Izraela, hoci nebol jedným z dvanástich vodcov Izraela, znamená, že pohania prevezmú miesto Izraelitov a budú spasení.

Boh položil základ národa prostredníctvom týchto dvanástich kmeňov Izraela. Asi pred dvetisíc rokmi otvoril bránu odpustenia našich hriechov skrze predrahú krv Ježiša Krista vyliatu na kríži a dovolil každému získať spasenie skrze vieru.

Boh si vybral ľudí Izraela, ktorí vyšli z dvanástich kmeňov a nazval ich „Môj ľud“, ale keďže nakoniec nesplnili Božiu vôľu, evanjelium prešlo k pohanom.

Pohania, plané výhonky olív, ktoré boli naštepené, nahradili Bohom vyvolený ľud Izraela, ktorý bol olivovým výhonkom. To je dôvod, prečo apoštol Pavol v Rim 2, 28-29 povedal: „*Lebo Židom nie je ten, kto je ním navonok, ani obriezkou nie je tá, ktorú vidieť na tele, ale Židom je ten, kto je ním vnútri, a obriezkou je obriezka srdca v duchu, nie podľa litery; a jeho chvála nie je od ľudí, ale od Boha.*“

Stručne povedané, pohania nahradili ľud Izraela, aby sa splnila Božia prozreteľnosť, rovnako ako bol odstránený Danov kmeň a nahradený Menaššeovým kmeňom. Preto aj pohania vstúpia do Nového Jeruzalema cez dvanásť brán, ak majú správnu kvalifikáciu viery.

Preto budú spasení nielen tí, ktorí patria ku dvanástim kmeňov Izraela, ale aj tí, ktorí sa vierou stanú potomkami Abraháma. Keď sa pohania stanú veriacimi, Boh ich už nepovažuje za „pohanov“, ale za členov dvanástich kmeňov. Všetky národy budú spasené skrze týchto dvanásť brán, a to je Božia spravodlivosť.

Koniec koncov, „dvanásť kmeňov" Izraela sa duchovne vzťahuje na všetky Božie deti, ktoré sú spasené skrze vieru a Boh napísal mená dvanástich kmeňov na dvanásť brán Nového Jeruzalema ako symbol tejto skutočnosti.

Avšak, keďže rôzne krajiny a oblasti majú rôzne vlastnosti, v nebi sa sláva každého kmeňa z týchto dvanástich kmeňov a dvanástich brán tiež líši.

3. Mená dvanástich apoštolov napísaných na dvanástich základných kameňoch

Aký je teda dôvod napísania mien dvanástich apoštolov na dvanásť základných kameňov Nového Jeruzalema?

Na postavenie budovy musíte najprv položiť základy, na ktoré umiestnite stĺpy. Je ľahké odhadnúť veľkosť stavby, ak sa pozriete na hĺbku výkopu. Základy sú veľmi dôležité, pretože musia niesť hmotnosť celej konštrukcie.

A takisto bolo položených dvanásť základných kameňov na postavenie hradieb Nového Jeruzalema a dvanásť stĺpov, medzi ktorými bolo dvanásť brán. Veľkosť dvanástich základných kameňov a dvanástich stĺpov je taká veľká, že je mimo naše chápanie. Priblížime si to v nasledujúcej kapitole.

Dvanásť základných kameňov je dôležitejších než dvanásť brán

Každý tieň má svoju podstatu. Z rovnakého dôvodu, Starý zákon je tieňom Nového zákona, pretože Starý zákon vydával svedectvo o Ježišovi, ktorý mal prísť na tento svet ako Spasiteľ, a Nový zákon zaznamenal Ježišovu službu, ktorý prišiel na tento svet, splnil všetky proroctvá a otvoril tak cestu spásy (Hebr 10, 1).

Boh, ktorý položil základy národa prostredníctvom dvanástich kmeňov Izraela a skrze Mojžiša dal zákon, učil dvanásť apoštolov skrze Ježiša Krista, ktorý splnil zákon s láskou, a urobil z nich svedkov Pána. Týmto spôsobom je dvanásť apoštolov hrdinami, ktorí urobili splnenie príkazov Starého zákona možným a vybudovali Nový Jeruzalem, a teda neboli tieňmi, ale podstatou.

Preto je dvanásť základných kameňov Nového Jeruzalema dôležitejších než dvanásť brán, a úloha dvanástich apoštolov je dôležitejšia než dvanástich kmeňov.

Ježiš a jeho dvanásť učeníkov

Ježiš, Syn Boží, ktorý prišiel na tento svet v ľudskom tele, začal svoju službu, keď dosiahol tridsiať rokov, vyvolil si svojich učeníkov a učil ich. Keď nastal čas, Ježiš odovzdal apoštolom právomoc vyháňať démonov a uzdravovať chorých. Mt 10, 2-4 spomína dvanástich apoštolov:

A toto sú mená dvanástich apoštolov: prvý Šimon, zvaný Peter, a jeho brat Ondrej, Jakub Zebedejov a jeho brat Ján, Filip a Bartolomej, Tomáš a mýtnik Matúš, Jakub Alfejov a Tadeáš, Šimon Kananejský a Judáš Iškariotský, ktorý ho potom zradil.

Ako ich Ježiš požiadal, kázali evanjelium a vykonávali diela

Božej moci. Svedčili o živom Bohu a viedli mnoho duší na cestu spásy. Všetci z nich, okrem Judáša Iškariotského, ktorý bol pohltený Satanom a skončil zradením Ježiša, boli svedkami Pánovho zmŕtvychvstania a nanebovstúpenia a skrze vrúcne modlitby zažili Ducha Svätého.

Potom, ako ich Pán poveril poslaním, dostali dar Ducha Svätého a moc a stali sa svedkami Pána v Jeruzaleme, celej Júdei, Samárii, až po samotný koniec sveta.

Matej nahradil Judáša Iškariotského

Sk 1, 15-26 opisujú proces nahradenia Judáša Iškariotského medzi dvanástimi apoštolmi. Modlili sa k Bohu a hádzali lós. Toto bolo vykonané takto preto, lebo chceli, aby to bolo podľa Božej vôle, bez zásahu akéjkoľvek ľudskej myšlienky. Nakoniec vybrali človeka spomedzi tých, ktorých Ježiš učil, muža menom Matej.

Dôvod, prečo Ježiš vybral Judáša Iškariotského, aj keď vedel, že ho nakoniec zradí, je tento. Skutočnosť, že Matej bol novozvolený znamená, že aj pohania môžu získať spásu. To tiež znamená, že dnes vybraní Boží služobníci, patria k Matejovi. Od doby Pánovho vzkriesenia a nanebovstúpenia už tu bolo veľa Božích služobníkov, ktorí boli vybraní samotným Bohom, a každý, kto sa zjednotí s Pánom, môže byť vybraný za jedného z apoštolov Pána, tak ako Matej.

Boží služobníci, ktorých si Boh sám vyvolil, konajú podľa vôle ich Pána jednoduchým: „Áno." Ak Boží služobníci nepočúvajú Jeho vôľu, nemôžu a nemali by byť nazývaní „Boží služobníci" alebo „Bohom vyvolení služobníci."

Dvanásti apoštoli, vrátane Mateja, podobali sa Pánovi, dosiahli svätosť, poslúchali Pánovo učenie a úplne splnili Božiu vôľu. Stali sa základnými kameňmi svetovej misie plnením svojich povinností, až kým sa nestali mučeníkmi.

Mená dvanástich apoštolov

Tí, ktorí boli spasení skrze vieru, hoci neboli svätí ani verní v celom Božom dome, môžu navštíviť Nový Jeruzalem na základe pozvánky, ale nemôžu tam prebývať naveky. Preto dôvod, prečo sú mená dvanástich apoštolov napísané na dvanástich základných kameňoch, je ten, aby nám pripomínali, že len tí, ktorí budú svätí a verní v celom Božom dome v tomto živote, môžu vstúpiť do Nového Jeruzalema.

Dvanásť kmeňov Izraela sa vzťahuje na všetky Božie deti, ktoré sú spasené vierou. Tí, ktorí sú svätí a verní celým svojím životom, budú kvalifikovaní na vstup do Nového Jeruzalema. Preto je dvanásť základných kameňov oveľa dôležitejších a to je dôvod, prečo mená dvanástich apoštolov nie sú napísané na dvanástich bránach, ale na dvanástich základných kameňoch.

Prečo teda Ježiš vybral iba dvanásť apoštolov? V Jeho dokonalej múdrosti Boh plní svoju prozreteľnosť, o ktorej rozhodol pred začiatkom vekov a všetko plní zodpovedajúcim spôsobom. A tak aj Ježišov výber iba dvanástich apoštolov bol tiež vykonaný podľa Božieho plánu.

Boh, ktorý stvoril dvanásť kmeňov v Starom zákone, vybral dvanásť apoštolov použitím čísla 12, ktoré aj v Novom zákone znamená „svetlo" a „dokonalosť", a tak sa tieň Starého zákona spojil s podstatou Nového zákona.

Boh nemení názor ani plán, ktorý kedysi vytvoril a dodržuje Jeho Slovo. Preto ako dvanásť apoštolov musíme veriť každému Božiemu Slovu v Biblii, pripraviť sa ako nevesty Pána na Jeho príchod a dosiahnuť a získať potrebnú kvalifikáciu na vstup do Nového Jeruzalema.

Ježiš nám v Zjv 22, 12 povedal: *„Hľa, prídem čoskoro a moja odplata so mnou; odmením každého podľa jeho skutkov.“*

Aký druh kresťanského života by ste mali viesť, ak ste naozaj presvedčení, že Pán čoskoro príde? Nemali by ste sa uspokojiť len so získaním spasenia skrze vieru v Ježiša Krista, ale tiež sa musíte snažiť zbaviť sa hriechov a byť verní vo všetkých svojich povinnostiach.

V mene Pána Ježiša Krista sa modlím, aby ste získali večnú slávu a požehnanie v Novom Jeruzaleme, tak ako predkovia viery, ktorých mená sú napísané na dvanástich bránach a na dvanástich základných kameňoch!

Kapitola 3 

Veľkosť Nového Jeruzalema

1. Merané zlatou trstinou

2. Nový Jeruzalem má tvar štvorca

*„ Ten, čo so mnou hovoril, mal mieru zo
zlatej trstiny na premeranie mesta, jeho
brán a jeho hradieb. Mesto je postavené
do štvorca: jeho dĺžka je taká istá ako
šírka. Trstinou odmeral mesto a malo
dvanásťtisíc stadií. Jeho dĺžka, šírka i
výška sú rovnaké. Zmeral aj jeho hradby;
mali stoštyridsaťštyri lakťov podľa
ľudskej miery, ktorú anjel mal. "*

- Zjv 21, 15-17 -

Niektorí veriaci si myslia, že každý, kto je spasený, pôjde do Nového Jeruzalema, kde sídli Boží trón alebo nesprávne pochopia, že Nový Jeruzalem je celé nebo. Ale Nový Jeruzalem nie je celým nebom, je iba časťou nekonečného neba. Vstúpia doň len pravé Božie deti, ktoré sú sväté. Možno ste zvedaví, aký veľký je Nový Jeruzalem, ktorý Boh pripravil pre Jeho pravé deti.

Poďme sa ponoriť do veľkosti a tvaru Nového Jeruzalema a duchovných významov v nich ukrytých.

1. Merané zlatou trstinou

Pre ľudí s pravou vierou a vrúcnou nádejou na Nový Jeruzalem je prirodzené uvažovať o tvare a veľkosti mesta. Pretože je to miesto pre Božie deti, ktoré sú sväté a úplne sa podobajú Pánovi, Boh pripravil Nový Jeruzalem veľmi krásne a veľkolepo.

V Zjv 21, 15 si môžete prečítať o anjelovi, ktorý stojí so zlatou trstinou v ruke, aby odmeral veľkosti brán a hradieb Nového Jeruzalema. Prečo teda Boh odmeriava Nový Jeruzalem zlatou trstinou?

Zlatá trstina je druh miery na meranie vzdialenosti v nebi. Ak poznáte význam zlata a trstiny, môžete pochopiť dôvod, prečo Boh meria veľkosť Nového Jeruzalema zlatou trstinou.

Zlato znamená „vieru", pretože sa nikdy nemení. Zlato zlatej trstiny symbolizuje skutočnosť, že Božie meranie je presné a nikdy sa nemení a všetky Jeho sľuby budú splnené.

Charakteristika trstiny, ktorá meria vieru

Trstina je vysoká a jej koniec je mäkký. Vietor ňou hojdá, ale nikdy sa nezlomí; je jemná a silná zároveň. Na trstine sú chuchvalce, čo znamená, že Boh odmeňuje podľa toho, čo človek urobil.

To znamená, že dôvod, prečo Boh meria Nový Jeruzalem zlatou trstinou, je, že meria vieru každého človeka a odmeňuje presne podľa toho, čo urobil.

Teraz sa pozrieme na vlastnosti a duchovný význam trstiny, aby ste pochopili, prečo Boh meria veľkosť Nového Jeruzalema zlatou trstinou.

Po prvé, trstina má veľmi hlboké a silné korene. Je vysoká 1-3 m a vyskytuje sa v piesku bažín a jazier. Môže vyzerať, že má slabé korene, ale v skutočnosti sa nedá ľahko vytiahnuť.

Rovnakým spôsobom by aj Božie deti mali byť pevne zakorenené vo viere a stáť na skale pravdy. Iba vtedy, keď máte vieru, ktorá sa nemení za žiadnych okolností, budete môcť vstúpiť do Nového Jeruzalema, ktorého veľkosť je odmeraná zlatou trstinou. To je dôvod, prečo sa apoštol Pavol modlil za veriacich v Efeze: *„aby Kristus skrze vieru prebýval vo vašich srdciach, aby ste zakorenení a upevnení v láske"* (Ef 3:17).

Po druhé, trstina má veľmi mäkké konce. Pretože Ježiš mal mäkké a pokorné srdce pripomínajúce trstinu, nikdy sa s nikým nehádal ani nekričal. Dokonca, aj keď ho iní kritizovali a prenasledovali, Ježiš s nimi nediskutoval, ale namiesto toho odišiel.

Preto ľudia, ktorí dúfajú v Nový Jeruzalem, mali by mať

pokorné srdce ako Ježiš. Ak sa cítite nepríjemne, keď iní poukazujú na vaše chyby a napomínajú vás, znamená to, že ešte stále máte tvrdé a pyšné srdce. Ak máte také mäkké a pokorné srdce ako páperie, s radosťou prijmete tieto veci bez pocitu ľútosti alebo nespokojnosti.

Po tretie, trstina sa vo vetre ľahko hojdá, ale nezlomí sa. Po silnom tajfúne sú niekedy veľké stromy vykorenené, ale trstina sa obvykle nezlomí ani v silnom vetre, pretože je mäkká. Ľudia tohto sveta niekedy prirovnávajú mysle a srdcia žien k trstinám ako niečo zlé, ale Božie prirovnanie je pravý opak. Trstina je mäkká a môže sa javiť veľmi slabá, ale napriek tomu má silu, aby sa nezlomila ani pri silnom vetre, a má krásne a elegantné biele kvety.

Vzhľadom k tomu, že trstina má všetky tieto vlastnosti, ako je mäkkosť, sila a krása, môže symbolizovať spravodlivosť určitých rozhodnutí. Takéto vlastnosti trstiny možno pripísať národu Izraela. Izrael má relatívne malé územie, nízku populáciu a je obklopený nepriateľskými susedmi. Izrael môže pôsobiť ako slabá krajina, ale nikdy sa za žiadnych okolností „nezlomí." To je preto, lebo má silnú vieru v Boha, vieru, ktorá má korene v predkoch viery, vrátane Abraháma. Aj keď vyzerajú, že by sa v okamihu fyzicky zrútili, vďaka viere v Boha stoja pevne.

Z rovnakého dôvodu, aby ste mohli vstúpiť do Nového Jeruzalema, tak ako má trstina silné korene, aj vy musíte mať vieru, ktorá sa za žiadnych okolností nepotkne a byť zakorenení v Ježišovi Kristovi, ktorý je skalou.

Po štvrté, stonky trstiny sú rovné a hladké, a preto boli často používané na výrobu striech, šípov, hrotov alebo pier. Rovné stonky tiež znamenajú posun vpred. Viera je „živá" len vtedy, keď sa neustále zväčšuje. Tí, ktorí sa zlepšujú a rozvíjajú, budú zo dňa na deň vo viere rásť a napredovať smerom k nebu.

Boh vyberá tieto dobré nádoby, ktoré postupujú k nebu, zjemňuje ich a robí ich dokonalými, aby títo ľudia mohli vstúpiť do Nového Jeruzalema. Preto by sme mali napredovať smerom k nebu, tak ako lístie, ktoré klíči na konci rovnej stonky.

Po piate, veľa básnikov už písalo o kvetoch trstiny na zobrazenie pokojnej krajiny. Vzhľad trstiny je veľmi jemný a krásny a jej listy sú pôvabné a elegantné. Ako hovorí 2 Kor 2, 15: *„Ak teda niekto spôsobil zármutok, nie mňa zarmútil, ale do istej miery – nechcem zveličovať – zarmútil vás všetkých, "* ľudia, ktorí stoja na skale viery, vydávajú vôňu Krista. Tí, ktorí majú tento druh srdca, majú elegantné a upokojujúce tváre a skrze nich môžu ostatní ľudia zažiť nebo. Preto, aby sme mohli vstúpiť do Nového Jeruzalema, musíme vydávať krásnu vôňu Krista, ktorá je ako mäkké kvety a elegantné listy trstiny.

Po šieste, listy trstiny sú tenké a ich okraje sú dosť ostré na to, aby dotykom poranili pokožku. Ľudia, ktorí majú vieru, nesmú robiť kompromisy s hriechom, ale zbavením sa zla stať sa podobnými čepeliam.

Daniel, ktorý bol ministrom veľkej Perzie a bol kráľom milovaný, stál pred súdom, na ktorom bol zlými ľuďmi v dôsledku žiarlivosti odsúdený na hodenie do levovej jamy. Napriek tomu nerobil žiadne kompromisy, ale pevne sa držal viery. Ako výsledok Boh poslal anjela, aby zavrel tlamy levov a dovolil, aby Ho Daniel pred kráľom a celým ľudom oslávil.

Boha potešuje druh viery ako mal Daniel, druh, ktorý nerobí so svetom kompromisy. On ochráni ľudí, ktorí majú tento druh viery, od všetkých druhov ťažkostí a skúšok a umožní im oslavovať Ho až do konca. Nech idú kdekoľvek, žehná ich a robí ich *„hlavou, nie chvostom"* (Dt 28, 1-14).

Navyše, ako je napísané v Prís 8, 13: *„Bázeň pred Pánom je nenávidieť zlo"*, ak máte zlo vo svojom srdci, musíte sa ho zbaviť vrúcnou modlitbou a pôstom. Iba vtedy, keď nerobíte s hriechmi kompromisy, ale nenávidíte zlo, budete svätí a budete kvalifikovaní na vstup do Nového Jeruzalema.

Pomocou šiestich charakteristík trstiny sme vysvetlili dôvod, prečo Boh meria Nový Jeruzalem zlatou trstinou. Použitie zlatej trstiny nám umožňuje pochopiť, že Boh meria našu vieru presne a odmeňuje nás presne podľa toho, čo sme urobili v tomto živote, a že On plní svoje sľuby.

2. Nový Jeruzalem má tvar štvorca

Boh v Biblii presne zaznamenal veľkosť a tvar Nového Jeruzalema. Zjv 21, 16 nám hovorí, že mesto má tvar štvorca s 2 400 km (12 000 stadií) po dĺžke, šírke a výške. Niekto sa teraz môže čudovať: „Nebudeme sa cítiť, ako keby sme boli uväznení?" Ale Boh urobil interiér Nového Jeruzalema veľmi pohodlným a príjemným. Taktiež, nie je možné vidieť naprieč Novým Jeruzalemom zvonku, ale ľudia vo vnútri hradieb môžu vidieť za tieto hradby. Inými slovami, nie je dôvod cítiť sa nepríjemne alebo uväznení vo vnútri hradieb.

Rovnaká šírka, dĺžka a výška

Prečo teda Boh stvoril Nový Jeruzalem v tvare štvorca? Rovnaká dĺžka a šírka predstavuje poriadok, presnosť, justíciu a spravodlivosť Nového Jeruzalema. Boh riadi všetky veci tak, aby sa nespočetné množstvo hviezd, Mesiac, Slnko, slnečná sústava a zvyšok vesmíru pohybovali presne, správne a bezchybne. Boh urobil Nový Jeruzalem v tvare štvorca, aby vyjadril, že On presne riadi všetky veci a históriu a s presnosťou splní všetko až do konca.

Nový Jeruzalem má rovnakú šírku a dĺžku a má dvanásť základných kameňov a dvanásť brán, tri na každej strane. To symbolizuje, že bez ohľadu na to, kde na tejto zemi človek žije, pravidlá budú uplatňované spravodlivo na tých ľudí, ktorí sú kvalifikovaní na vstup do Nového Jeruzalema. Konkrétne, ľudia, ktorí sú kvalifikovaní na základe merania zlatou trstinou, vstúpia do Nového Jeruzalema bez ohľadu na ich pohlavie, vek alebo rasu.

To je preto, lebo Boh Jeho priamym a spravodlivým charakterom súdi spravodlivo a presne meria kvalifikácie na vstup do Nového Jeruzalema. Okrem toho, štvorec predstavuje sever, juh, východ a západ. Boh stvoril Nový Jeruzalem a spomedzi všetkých národov zo všetkých štyroch strán volá všetky Jeho dokonalé deti, ktoré sú spasené vierou.

Zjv 21, 16 hovorí: „*Mesto je postavené do štvorca: jeho dĺžka je taká istá ako šírka. Trstinou odmeral mesto a malo dvanásťtisíc stadií. Jeho dĺžka, šírka i výška sú rovnaké.*" „Dvanásťtisíc stadií" je gréckou jednotkou na meranie vzdialenosti a je to približne 2 400 km. To znamená, že štvorcový tvar Nového Jeruzalema meria 2 400 km na šírku, dĺžku a výšku.

Zjv 21, 17 hovorí: „*Zmeral aj jeho hradby; mali*

stoštyridsaťštyri lakťov podľa ľudskej miery, ktorú anjel mal.“

Hrúbka hradieb Nového Jeruzalema je šesťdesiatpäť metrov. Šesťdesiatpäť metrov je premenených na „stoštyridsaťštyri lakťov.“ Keďže Nový Jeruzalem je obrovský, jeho hradby sú tiež neporovnateľne hrubé.

Kapitola 4 

Postavený z rýdzeho zlata
a drahokamov rôznych farieb

Predpokladajme, že máte financie a moc postaviť si dom, v ktorom by ste s vašimi blízkymi žili naveky. Ako by vyzeral? Aký materiál by ste použili? Bez ohľadu na cenu, dobu výstavby a množstvo potrebnej pracovnej sily, pravdepodobne by ste asi chceli, aby bol najkrajší a najúžasnejší.

Z rovnakého dôvodu nechcel by náš Boh Otec postaviť a krásne ozdobiť Nový Jeruzalem najlepšími materiálmi v nebi, aby tam naveky prebýval s Jeho krásnymi deťmi? Navyše, každý materiál v Novom Jeruzaleme má iný význam kvôli odlíšeniu období, kedy sme vytrvali vo viere a láske na tejto zemi a všetko je tam nádherné.

Pre ľudí, ktorí po Novom Jeruzaleme túžia z hĺbky ich sŕdc, je len prirodzené, že o Novom Jeruzaleme chcú vedieť viac.

Boh pozná srdcia týchto ľudí a v Biblii nám o Novom Jeruzaleme dal rôzne podrobné informácie, vrátane jeho veľkosti, tvaru, a dokonca aj hrúbky hradieb.

Z čoho je teda postavený Nový Jeruzalem?

1. Ozdobený rýdzim zlatom a drahokamami každého druhu

Nový Jeruzalem, ktorý Boh pripravil pre Jeho deti, je postavený z rýdzeho zlata, ktoré sa nikdy nemení a je ozdobený rôznymi drahokamami. V nebi nie je taký materiál ako hlina na tejto zemi, ktorá sa postupom času mení. Cesty v Novom Jeruzaleme sú v z rýdzeho zlata a základné kamene sú postavené z drahokamov.

Ak je piesok na brehu rieky živej vody zlatý a strieborný, o koľko ohromujúcejšie budú materiály na ostatných budovách?

Nový Jeruzalem: Božie umelecké dielo

Lesk, hodnota, elegancia a jemnosť všetkých svetoznámych stavieb sa navzájom líšia v závislosti od materiálov použitých na ich stavbu. Mramor je oveľa lesklejší, elegantnejší a krajší než piesok, drevo alebo cement.

Viete si predstaviť, aké krásne a nádherné by to bolo, ak by ste celú budovu postavili z drahého zlata a drahokamov? O koľko krajšie a úžasnejšie budú budovy v nebi, ktoré sú postavené z najkrajších materiálov!

V nebi sú zlato a drahokamy vytvorené Božou mocou, a preto sa kvalitou, farbou a spracovaním veľmi odlišujú od tých na tejto zemi. Ich čistota a nádherne žiariaci jas nemôžu byť slovami dostatočne vyjadrené.

Aj na tejto zemi je mnoho druhov nádob z rovnakej hliny. Môže to byť drahý čínsky porcelán alebo lacný porcelán, a to v závislosti od druhu hliny a zručnosti hrnčiara. Bohu trvalo tisíce rokov, kým postavil Nový Jeruzalem, Jeho majstrovské dielo, ktoré je plné nádhernej, ušľachtilej a dokonalej slávy Architekta mesta.

Rýdze zlato je symbolom viery a večného života

Rýdze zlato je stopercentné zlato bez nečistôt a je jediným kovom na tejto zemi, ktorý sa nikdy nemení. Vďaka tejto vlastnosti ho používa mnoho krajín ako štandard pre ich meny a výmenné kurzy. Tiež sa používa na dekoračné a priemyselné účely. Rýdze zlato je mnohými ľuďmi vyhľadávané a milované.

Dôvod, prečo nám na tejto zemi Boh dal zlato, je, aby sme si uvedomili, že existujú veci, ktoré sa nikdy nemenia, a že existuje večný svet. Veci na tejto zemi sa postupom času opotrebúvajú a menia. Ak by sme mali len takéto veci, našimi obmedzenými vedomosťami by pre nás bolo ťažké uvedomiť si, že existuje večné nebo.

To je dôvod, prečo Boh dovolil, aby sme prostredníctvom tohto zlata, ktoré sa nikdy nemení, vedeli, že existujú večné veci. Je na nás, aby sme si uvedomili, že existuje niečo, čo sa nikdy nemení a mali tak nádej na večné nebo. Rýdze zlato znamená duchovnú vieru, ktorá sa nikdy nemení. Preto, ak ste múdri, budete sa snažiť získať vieru, ktorá je ako nikdy sa nemeniace rýdze zlato.

V nebi je mnoho vecí stvorených z rýdzeho zlata. Predstavte si, akí vďační by sme boli už len pri pohľade na nebo z rýdzeho zlata, ktoré počas života na tejto zemi považujeme za to najcennejšie!

Ale tí, ktorí sú nerozumní, ctia si zlato iba ako prostriedok k zvýšeniu alebo zobrazeniu ich bohatstva. A preto zostávajú ďaleko od Boha a nemilujú Ho. A nakoniec skončia v ohnivom jazere alebo v jazere horiacej síry v pekle a navždy to budú ľutovať, hovoriac: „Netrpel by som v pekle, keby som považoval vieru za takú vzácnu, ako som považoval zlato."

Preto dúfam, že budete múdrymi ľuďmi a získate nebo a budete sa snažiť získať nemennú vieru, nie zlato tohto sveta, ktoré budete musieť zanechať, keď sa váš život na tejto zemi skončí.

Drahokamy symbolizujú Božiu slávu a lásku

Drahokamy sú pevné a majú vysoký index lomu. Majú krásnu farbu a žiaria nádherným jasom. Vzhľadom k tomu, že len malé množstvo z nich je spracovaných, mnohými ľuďmi sú milované a sú vzácne. Boh na vyjadrenie Jeho lásky v nebi oblieka ľudí, ktorí vierou získajú nebo, do odevu z jemného materiálu a ozdobí ich mnohými drahokamami.

Ľudia milujú drahokamy a snažia sa, aby vyzerali ešte krajšie tým, že sa ozdobia rôznymi ozdobami. Aké nádherné to bude, keď v nebi dostanete od Boha veľa dokonalých drahokamov?

Niekto sa môže opýtať: „Prečo potrebujeme v nebi drahokamy?" V nebi drahokamy predstavujú Božiu slávu a množstvo drahokamov, ktoré človek dostane, predstavuje mieru Božej lásky k tomuto človeku.

V nebi je nespočetné množstvo druhov a farieb drahokamov. Na dvanástich základných kameňoch Nového Jeruzalema sú tieto drahokamy: zafír, ktorý je transparentnej tmavomodrej farby, transparentný zelený smaragd, tmavočervený rubín a transparentný žltozelený chryzolit. Modrozelený beryl, ktorý pripomína čistú morskú vodu a jemne oranžový topaz. Chryzopras je polotransparentný, tmavozelený drahokam a ametyst je svetlofialovej alebo tmavofialovej farby.

Okrem týchto drahokamov je v nebi nespočetné množstvo drahokamov, ktoré majú krásne farby a žiaria úžasným jasom, ako je jaspis, chalcedón, sardonyx a hyacint. Všetky tieto drahokamy majú rôzne mená a význam, rovnako ako drahokamy na tejto zemi. Farby a mená každého drahokamu sú kombinované tak, aby ukázali dôstojnosť, hrdosť, hodnotu a slávu.

Rovnako ako drahokamy na tejto zemi žiaria v rôznych uhloch rôznymi farbami a jasom, aj drahokamy v nebi majú rôzne farby a jas. Drahokamy v Novom Jeruzaleme majú výnimočný lesk a odrážajú svetlo dvoj- alebo trojnásobne.

Je zrejmé, že tieto drahokamy sú krajšie ako tie, ktoré nájdete na tejto zemi, lebo sám Boh zdokonalil rudy silou stvorenia. To je dôvod, prečo apoštol Ján povedal, že krása Nového Jeruzalema je ako najdrahší kameň.

Drahokamy v Novom Jeruzaleme vydávajú oveľa krajší jas ako v iných príbytkov, pretože Božie deti, ktoré vstúpia do Nového Jeruzalem, dosiahli dokonalé Božie srdce a vzdali Mu slávu. Preto, aj zvnútra, aj zvonku, Nový Jeruzalem zdobí mnoho druhov krásnych drahokamov rôznych farieb. Tieto drahokamy nie sú odmeňované každému človeku, ale podľa skutkov viery človeka na tejto zemi.

2. Hradby Nového Jeruzalema sú z jaspisu

Zjv 21, 18 nám hovorí, že hradby Nového Jeruzalema sú „z jaspisu." Viete si predstaviť ako veľkolepo budú vyzerať hradby Nového Jeruzalema postavené z jaspisu?

Jaspis je symbolom duchovnej viery

Na tejto zemi je jaspis zvyčajne pevný a nepriehľadný kameň.

Jeho farby sú od zelenej, červenej až po žltozelenú. Niektoré z jeho farieb sú zmiešané alebo majú škvrny. V závislosti od farby sa líši aj pevnosť. Jaspis je relatívne lacný a niektoré z nich sa ľahko lámu. Ale nebeský jaspis, ktorý je stvorený Bohom, nikdy sa nemení, ani nezlomí. Nebeský jaspis má modrastobielu farbu a je transparentný, takže máte pocit, ako keby ste sa pozerali do čistej vody. Aj keď to nemožno porovnávať s ničím na tejto zemi, je podobný dokonalému modrastému svetlu odrážanému od vĺn v oceáne.

Tento jaspis symbolizuje duchovnú vieru. Viera je najdôležitejším a najzákladnejším prvkom kresťanského života. Bez viery nemôžete byť spasení ani páčiť sa Bohu. Okrem toho, bez druhu viery, ktorá sa páči Bohu, nevstúpite do Nového Jeruzalema.

Preto je Nový Jeruzalem postavený s vierou a drahokam, ktorý vyjadruje farbu tejto viery, je jaspis. To je dôvod, prečo sú hradby Nového Jeruzalema z jaspisu.

Ak by nám Biblia povedala: „Hradby Nového Jeruzalema sú postavené z viery," pochopili by ľudia takýto výraz? Samozrejme, nemohlo by to byť pochopené ľudskými myšlienkami a pre ľudí by bolo veľmi ťažké pokúsiť sa predstaviť si ako krásne je Nový Jeruzalem ozdobený.

Hradby z jaspisu jasne žiaria svetlom Božej slávy a sú ozdobené mnohými vzormi a dizajnami.

Nový Jeruzalem je majstrovským dielom Boha Stvoriteľa a miestom posledného odpočinku pre najlepšie ovocie šesťtisícročnej kultivácie človeka. Aké veľkolepé, krásne a dokonalé bude toto mesto!

Musíme si uvedomiť, že Nový Jeruzalem je postavený najlepšou technológiou a zariadeniami, ktorých mechanizmus nedokážeme pochopiť.

Aj keď sú steny transparentné, vnútro nie je zvonku viditeľné. Ale to neznamená, že ľudia v meste budú mať pocit, že sú tam uväznení. Obyvatelia Nového Jeruzalema môžu zvnútra vidieť až za mesto a to vyvoláva pocit, ako keby tam neboli žiadne hradby. Aké úžasné to bude!

3. Postavený z rýdzeho zlata, takého ako priezračné sklo

Druhá časť Zjv 21, 18 hovorí: *„mesto samo bolo z rýdzeho zlata podobného čistému sklu."* Pozrime sa teraz na vlastnosti zlata, aby nám to pomohlo predstaviť si Nový Jeruzalem a pochopiť jeho krásu.

Rýdze zlato má nemennú hodnotu

Zlato neoxiduje ani na vzduchu, ani vo vode. S postupom času sa nemení a pri styku s inými látkami nedochádza ku žiadnym chemickým reakciám. Zlato má vždy rovnaký krásny lesk. Na tejto zemi je zlato príliš mäkké, preto robíme zliatiny. Zlato v nebi nie je príliš mäkké. Zlato a iné drahokamy majú v nebi iné farby a inú pevnosť ako na tejto zemi, pretože dostávajú svetlo Božej slávy.

Aj na tejto zemi sa elegancia a hodnota drahokamov líši v závislosti od zručnosti a techniky remeselníka. Aké vzácne a krásne budú drahokamy v Novom Jeruzaleme, keďže sa ich dotkol a opracoval sám Boh?

V nebi neexistuje žiadna chamtivosť či túžba po krásnych a dobrých objektoch. Na tejto zemi ľudia majú sklon milovať drahokamy pre svoju márnotratnosť a prázdnu slávu, ale v nebi ľudia milujú drahokamy duchovne, pretože poznajú duchovný význam každého z nich a chápu lásku Boha, ktorý pripravil nebo a ozdobil ho krásnymi drahokamami.

Boh stvoril Nový Jeruzalem z rýdzeho zlata

Prečo teda Boh stvoril Nový Jeruzalem z rýdzeho zlata, takého ako priezračné sklo? Ako už bolo vysvetlené skôr, duchovne rýdze zlato predstavuje vieru, nádej, ktorá sa rodí z viery, bohatstvo, česť a moc. „Nádej zrodená vierou" znamená, že môžete získať spásu, nádej na Nový Jeruzalem, zbaviť sa svojich hriechov, snažiť sa stať svätými a tešiť sa na odmeny s nádejou, pretože máte vieru.

Boh urobil toto mesto z rýdzeho zlata preto, aby tí, ktorí doň vchádzajú s vrúcnou nádejou, boli navždy plní vďačnosti a šťastia.

Zjv 21, 18 nám hovorí, že Nový Jeruzalem je „taký ako priezračné sklo." Je to na vyjadrenie toho, aká jasná a jemná je scenéria Nového Jeruzalema. Zlato v nebi je jasné a čisté ako sklo na rozdiel od nepriehľadného zlata na tejto zemi.

Nový Jeruzalem je jasný, dokonalý a bezchybný, pretože je postavený z rýdzeho zlata. To je dôvod, prečo apoštol Ján opísal mesto ako *„také ako priezračné sklo."*

Skúste si predstaviť Nový Jeruzalem vyrobený z čistého, rýdzeho zlata a z mnohých druhov krásnych a rôznofarebných drahokamov.

Potom, ako som prijal Pána, považoval som zlato a drahokamy za obyčajné kamene a nikdy som netúžil ich vlastniť. Bol som plný nádeje na nebo a nemiloval som veci tohto sveta. Ale keď som sa modlil, aby som sa dozvedel o nebi, Pán mi povedal: *„V nebi je všetko stvorené z krásnych drahokamov a zlata, mal by si ich milovať.“* Nemyslel tým, že mám začať zbierať zlato a drahokamy. Uvedomil som si Božiu prozreteľnosť a duchovný význam drahokamov a začal ich milovať spôsobom, akým si želáBoh.

Vyzývam vás, aby ste duchovne milovali zlato a drahokamy. Keď vidíte zlato, môžete si pomyslieť: „Mal by som mať vieru ako rýdze zlato.“ Keď uvidíte rôzne drahokamy, môžete dúfať v nebo, hovoriac: „Aký krásny bude môj dom v nebi?“

V mene Pána Ježiša Krista sa modlím, aby ste mali nebeský dom z nikdy sa nemeniaceho zlata a nádherných drahokamov tým, že budete mať vieru ako rýdze zlato a pobežíte smerom k nebu.

Kapitola 5 

Význam dvanástich základných kameňov

1. Jaspis: Duchovná viera

2. Zafír: Čestnosť a bezúhonnosť

3. Chalcedón: Nevinnosť a obetavá láska

4. Smaragd: Spravodlivosť a čistota

5. Sardonyx: Duchovná vernosť

6. Sardion: Vášnivá láska

7. Chryzolit: Milosrdenstvo

8. Beryl: Trpezlivosť

9. Topaz: Duchovná dobrota

10. Chryzopras: Sebaovládanie

11. Hyacint: Čistota a svätosť

12. Ametyst: Krása a pokora

„Základné kamene hradieb mesta boli
ozdobené všelijakými drahými kameňmi:
prvý základný kameň jaspis, druhý
zafír, tretí chalcedón, štvrtý smaragd,
piaty sardonyx, šiesty sardion, siedmy
chryzolit, ôsmy beryl, deviaty topás,
desiaty chryzopras, jedenásty hyacint,
dvanásty ametyst. "

- Zjv 21, 19-20 -

Apoštol Ján podrobne opísal dvanásť základných kameňov. Prečo Ján tak podrobne písal o Novom Jeruzaleme? Boh chce, aby Jeho deti mali večný život a pravú vieru tým, že budú poznať duchovné významy dvanástich základných kameňov Nového Jeruzalema.

Prečo teda Boh stvoril dvanásť základných kameňov z dvanástich drahokamov? Kombinácia dvanástich drahých kameňov predstavuje srdce Ježiša Krista a Boha – vyvrcholenie lásky. Ak ste pochopili duchovný význam každého z dvanástich drahokamov, môžete ľahko zistiť, do akej miery sa vaše srdce podobá srdcu Ježiša Krista, a či ste kvalifikovaní na vstup do Nového Jeruzalema.

Poďme teraz preskúmať dvanásť drahých kameňov a ich duchovné významy.

1. Jaspis: Duchovná viera

Jaspis, prvý základný kameň hradieb Nového Jeruzalema, znamená duchovnú vieru. Vieru môžeme všeobecne rozdeliť na „duchovnú vieru" a „telesnú vieru." Zatiaľ čo telesná viera je viera naplnená iba vedomosťami, duchovná viera je viera sprevádzaná skutkami pochádzajúcimi z hĺbky srdca. Čo Boh chce, nie je telesná viera, ale duchovná viera. Ak nemáte duchovnú vieru, vaša „viera" nie je sprevádzaná skutkami, nemôžete sa páčiť Bohu ani vstúpiť do Nového Jeruzalema.

Duchovná viera je základom kresťanského života

„Duchovná viera" odkazuje na druh viery, s ktorou človek z hĺbky srdca verí každému Božiemu Slovu. Ak máte tento druh viery, ktorá je sprevádzaná skutkami, budete sa snažiť stať sa svätými a bežať smerom k Novému Jeruzalemu. Duchovná viera je najdôležitejším prvkom kresťanského života. Bez viery nemôžete byť spasení, nedostanete odpovede na vaše modlitby a nebudete mať nádej na nebo.

Hebr 11, 6 nám pripomína: *„Bez viery je totiž nemožné páčiť sa Bohu. Lebo kto prichádza k Bohu, musí veriť, že je a že odmieňa tých, čo ho hľadajú."* Ak máte pravú vieru, budete veriť v Boha, ktorý vás odmeňuje, budete verní, budete bojovať proti hriechom, aby ste sa ich zbavili a budete kráčať po úzkej ceste. A budete schopní vrúcne konať dobro a vstúpiť do Nového Jeruzalema nasledovaním Ducha Svätého.

Preto je viera základom kresťanského života. Rovnako ako stavba nemôže byť bezpečná bez pevného základu, nemôžete viesť správny kresťanský život bez pevnej viery. To je dôvod, prečo nás Júd 1, 20-21 nabáda: *„Ale vy, milovaní, budujte sami seba na svojej presvätej viere a modlite sa v Duchu Svätom. Zachovajte sa v Božej láske a očakávajte milosrdenstvo nášho Pána Ježiša Krista pre večný život."*

Abrahám – otec viery

Najlepšia biblická postava, ktorá vždy a bezo zmeny verila Božiemu Slovu a preukazovala skutky úplnej poslušnosti, je Abrahám. Bol nazvaný „otcom viery", pretože bezo zmeny preukazoval dokonalé skutky viery.

Keď mal sedemdesiatpäť rokov, dostal od Boha veľké požehnanie. Bol to sľub, že Boh skrze Abraháma vytvorí veľký národ a Abrahám bude zdrojom požehnania. Uveril tomuto Slovu a opustil rodné mesto. Viac než dvadsať rokov však nemohol splodiť syna, ktorý by sa stal dedičom.

Uplynulo veľa času a Abrahám a jeho manželka Sára príliš zostarli, aby mohli mať dieťa. Aj v takej situácii o ňom Rim 4, 19-20 hovorí: *„A nezapochyboval nedôverčivo."* Upevnil sa vo viere a úplne veril Božiemu sľubu, a keď mal sto rokov, stal sa otcom Izáka.

Bola však ešte jedna udalosť, kedy sa Abrahámova viera preukázala ešte zreteľnejšie. Bolo to vtedy, keď Boh prikázal Abrahámovi, aby Mu obetoval svojho jediného syna Izáka. Abrahám nepochyboval o Božom Slove, podľa ktorého mu Boh skrze Izáka dá nespočetné množstvo potomkov. Pretože pevne veril v Božie Slovo, myslel si, že Boh Izáka oživí, aj keď Mu ho ponúkne ako zápalnú obetu.

A preto Božie Slovo ihneď poslúchol. Vďaka tomu bol Abrahám viac než kvalifikovaný, aby sa stal otcom viery. Prostredníctvom Abrahámových potomkov vznikol izraelský národ. To znamená, že plody jeho viery sa tiež hojne prejavili telesne.

Vzhľadom k tomu, že uveril Bohu a Jeho Slovu, podriadil sa tomu, čo mu bolo povedané. To je príklad duchovnej viery.

Peter dostal kľúče od nebeského kráľovstva

Pozrime sa na človeka, ktorý mal tento druh duchovnej viery.

Aký druh viery mal apoštol Peter, keďže je jeho meno napísané na jednom zo základných kameňov Nového Jeruzalema? Ešte predtým, než bol povolaný stať sa učeníkom, vieme, že Peter počúval Ježiša, napríklad, keď mu Ježiš povedal, aby zanechal siete, ineď poslúchol (Lk 5, 3-6). A tiež s vierou poslúchol, keď mu Ježiš povedal, aby priviedol osla a žriebä (Mt 21, 1-7). Peter poslúchol aj vtedy, keď mu Ježiš povedal, aby išiel k jazeru, chytil rybu a vytiahol z nej mincu (Mt 17, 27). Navyše, chodil po vode ako Ježiš, aj keď to bolo len na chvíľu. Môžeme mať určitú predstavu, akú obrovskú vieru mal Peter.

A preto Ježiš uznal Petrovu vieru za správnu a dal mu kľúče od nebeského kráľovstva, aby všetko, čo zviaže na zemi, bolo zviazané aj v nebi, a čo rozviaže na zemi, bolo rozviazané v nebi (Mt 16, 19). Petrova viera sa ešte viac zdokonalila, keď dostal dar Ducha Svätého, odvážne svedčil o Ježišovi Kristovi a bol oddaný Božiemu kráľovstvu po zvyšok jeho života, až kým nezomrel mučeníkou smrťou.

Mali by sme napredovať k nebu ako Peter, oslavovať Boha a získať Nový Jeruzalem s vierou, ktorá sa Mu páči.

2. Zafír: Čestnosť a bezúhonnosť

Zafír, druhý základný kameň hradieb Nového Jeruzalema, je transparentný a má tmavomodrú farbu. Čo teda symbolizuje zafír duchovne? Znamená čestnosť a bezúhonnosť samotnej pravdy, ktorá stojí pevne proti akémukoľvek pokušeniu a nebezpečenstvu tohto sveta. Zafír je kameň, ktorý symbolizuje svetlo pravdy, ktoré môže svietiť priamo bezo zmeny a „čestné srdce", ktoré potvrdzuje presnosť celej Božej vôle.

Daniel a jeho traja priatelia

Dobrým príkladom duchovnej čestnosti a bezúhonnosti v Biblii je Daniel a jeho traja priatelia – Sidrach, Mézach a Abednég. Daniel nerobil kompromisy s ničím, čo nebolo v súlade s Božou spravodlivosťou, a to aj v prípade, že to bol rozkaz od kráľa. Daniel sa pevne držal svojej spravodlivosti pred Bohom, aj keď bol uvrhnutý do levovej jamy. Boh bol taký spokojný s čestnosťou Danielovej viery, že ho ochránil zoslaním anjelov, aby zavreli tlamy levov a dovolil mu, aby Ho veľmi oslávil.

Dan 3, 16-18 uvádza, že Danielovi traja priatelia sa s čestným srdcom pevne držali viery, až pokým neboli uvrhnutí do horiacej pece. Aby nespáchali hriech modloslužobníctva, takto odvážne pred kráľom vyznali:

Sidrach, Misach a Abdenago odpovedali kráľovi Nabuchodonozorovi: „Na toto ti nemusíme nič odpovedať. Či nás náš Boh, ktorého si ctíme, môže vytrhnúť z rozpálenej pece a z tvojich rúk, kráľu, oslobodiť nás, a či nie, vedz, kráľu, že tvojich bohov si nectíme a zlatej soche, ktorú si postavil, sa neklaniame!"

Nakoniec, aj keď boli uvrhnutí do pece sedemkrát horúcejšej ako bolo zvykom, Danielovi traja priatelia neboli ani trochu popálení, pretože Boh bol s nimi. Aké úžasné to je, že ani vlas na hlave nemali spálený a oheň sa ich vôbec nedotkol! Kráľ, ktorý bol toho všetkého svedkom, vzdal Bohu slávu a povýšil Daniela a jeho troch kamarátov.

Mali by sme prosiť s vierou bez akýchkoľvek pochybností

Jak 1, 6-8 nám hovorí, ako veľmi Boh nenávidí nečestné srdce:

> *Ale nech prosí s vierou, bez pochybovania. Lebo kto pochybuje, podobá sa morskej vlne, hnanej a zmietanej vetrom. Taký človek nech sa nenazdáva, že dostane niečo od Pána; muž s rozpoltenou mysľou, nestály vo všetkom svojom počínaní.*

Ak nemáme čestné srdce a o Bohu čo i len trochu pochybujeme, sme pokryteckí. Tí, ktorí pochybujú, môžu ľahko podľahnúť lákadlam tohto sveta, pretože sú nepozorní a ľstiví. Navyše tí, ktorí sú „pokryteckí", nemôžu vidieť Božiu slávu, pretože nie sú schopní ani preukázať svoju vieru, ani podľa nej konať. To je dôvod, prečo nám pripomína „*taký človek nech sa nenazdáva, že dostane niečo od Pána*" (Jak 1, 7).

Krátko po založení cirkvi moje tri dcéry takmer zomreli na otravu oxidom uhoľnatým. Ale ja som si kvôli tomu nerobil žiadne starosti a ani mi nenapadlo zobrať ich do nemocnice, pretože som úplne veril všemohúcemu Bohu. Jednoducho som išiel do svätyne a pokľakol k modlitbe vďakyvzdania. Potom som sa s vierou modlil: „V mene Ježiša Krista prikazujem! Jedovatý plyn, strať sa odtiaľto!" Keď som sa potom za každú z nich modlil, jedna po druhej sa z bezvedomia prebrali. Veľké množstvo členov cirkvi, ktorí boli svedkami tejto udalosti, boli takí ohromení a radostní, že veľmi chválili Boha.

Ak máme vieru, ktorá nikdy nerobí s týmto svetom kompromisy a čestné srdce, ktoré sa páči Bohu, môžeme Ho bezhranične oslavovať a v Kristovi viesť požehnaný život.

3. Chalcedón: Nevinnosť a obetavá láska

Chalcedón, tretí základný kameň hradieb Nového Jeruzalema, duchovne symbolizuje nevinnosť a obetavú lásku.

Nevinnosť je stav čistoty skutkov a srdca, ktoré je bezchybné. Keď je človek schopný z tejto čistoty srdca sa obetovať, to je srdce ducha symbolizované chalcedónom.

Obetavá láska je druh lásky, ktorá nikdy nežiada nič naspäť, ak je to pre spravodlivosť a Božie kráľovstvo. Ak niekto má obetavú lásku, bude spokojný už len s tým, že miluje ostatných v akejkoľvek situácii a nič za to neočakáva. To je preto, lebo duchovná láska nehľadá vlastný prospech, ale len dobro druhých.

S telesnou láskou sa človek bude cítiť prázdny, smutný a zlomený v prípade, ak mu ľudia lásku neoplácajú, pretože tento druh lásky je v podstate sebecký. Preto človek s telesnou láskou bez obetavého srdca nakoniec nenávidí ostatných alebo sa stane nepriateľom tých ľudí, s ktorými si bol kedysi blízky.

Preto by si mali uvedomiť, že pravá láska je Pánova láska, ktorý miloval všetkých ľudí a stal sa zmiernou obetou.

Obetavá láska, ktorá nič nežiada naspäť

Náš Pán Ježiš, ktorý je vo svojej podstate Boh, uponížil sa a prišiel na zem v ľudskom tele, aby zachránil celé ľudstvo. Narodil sa v maštali a bol uložený do jasieľ, aby zachránil ľudí, ktorí sú ako zvieratá a počas celého života bol chudobný, aby nás zachránil z chudoby. Ježiš uzdravoval chorých, posilňoval slabých, dával nádej beznádejným a ujal sa zanedbaných. Ukázal nám len dobro a lásku, ale za to bol zlými ľuďmi, ktorí v ňom nespoznali Spasiteľa, zosmiešňovaný, bičovaný a nakoniec ukrižovaný s tŕňovou korunou na hlave.

Aj keď Ježiš trpel bolesťou z ukrižovania, s láskou sa modlil k Bohu Otcovi za tých, ktorí Ho zosmiešňovali a ukrižovali. Bol nevinný a nepoškvrnený, ale sám seba obetoval za hriešnych ľudí. Náš Pán dal túto obetavú lásku všetkým ľuďom a chce, aby sa všetci ľudia navzájom milovali. A tak my, ktorí sme od Boha dostali tento druh lásky, ak naozaj milujeme druhých, nemali by sme za to nič očakávať ani žiadať.

Rút, ktorá ukázala obetavú lásku

Rút nebola Izraelitka, ale Moábka. Vydala sa za syna Noemi, ktorá prišla do krajiny Moáb, aby unikla hladomoru v Izraeli. Noemi mala dvoch synov a obaja sa oženili s moábskymi ženami. Ale obaja synovia zomreli.

Keď sa Noemi dopočula, že v Izraeli sa hladomor skončil, chcela sa tam vrátiť. Noemi navrhla svojim nevestám, aby zostali v Moábe, ich vlasti. Jedna z nich najprv odmietla, ale nakoniec sa vrátila k rodičom. Rút však trvala na tom, že bude nasledovať svokru.

Ak by Rút nemala obetavú lásku, nemohla by to urobiť. Rút musela svokru podporiť, pretože bola veľmi stará. Okrem toho, Rút by žila v úplne cudzej krajine. Nečakala ju žiadna odmena, aj keď svokre veľmi dobre slúžila.

Rút ukázala obetavú lásku svokre, s ktorou nemala žiadny pokrvný vzťah, a ktorá pre ňu bola úplne cudzím človekom. Bolo to preto, lebo Rút, tak ako aj jej svokra, verila v Boha. To znamená, že obetavá láska Rút nepochádzala iba zo zmyslu pre povinnosť. Bola to duchovná láska, ktorá pochádzala z viery v Boha.

Rút prišla so svokrou do Izraela a pracovala veľmi tvrdo. Vo dne paberkovala na poli, aby mali na jedlo a poslúžila ním svokre. Mnoho ľudí sa dozvedelo o tomto pravom skutku dobra. Nakoniec, Rút získala mnoho požehnaní skrze Bóza, ktorý bol príbuzným – vykupiteľ medzi príbuznými jej svokry.

Mnoho ľudí si myslí, že ak sa pokoria a obetujú, klesne aj ich hodnota. To je dôvod, prečo sa nedokážu obetovať alebo pokoriť. Ale tí, ktorí sa obetujú s čistým srdcom bez akýchkoľvek sebeckých motívov, budú odhalení pred Bohom a pred ľuďmi. Dobrota a láska zažiaria pre ostatných ako duchovné svetlo. Boh prirovnáva svetlo tejto obetavej lásky k jasu chalcedónu, tretiemu základnému kameňu.

4. Smaragd: Spravodlivosť a čistota

Smaragd, štvrtý základný kameň hradieb Nového Jeruzalema,

je zelený a symbolizuje krásu a jemnú zeleň prírody. Smaragd duchovne symbolizuje spravodlivosť a čistotu a predstavuje ovocie svetla, ako je to zaznamenané v Ef 5, 9: *„Ovocie svetla je v každej dobrote, spravodlivosti a pravde.“* Farba, ktorá znamená harmóniu „každej dobroty, spravodlivosti a pravdy“ je rovnaká ako duchovný jas smaragdu. Iba vtedy, keď máme všetku dobrotu, spravodlivosť a pravdu, môžeme byť skutočne spravodlivými v očiach Boha.

Nemôžeme mať len dobrotu bez spravodlivosti alebo len spravodlivosť bez dobroty. A táto dobrota a spravodlivosť musia byť pravdivé. Pravda je niečo, čo sa nikdy nemení. Preto, aj keď máme dobrotu a spravodlivosť, bez pravdy to nemá zmysel.

„Spravodlivosť“, akú Boh uznáva, je zbavenie sa hriechov, úplne dodržiavanie príkazov v Biblii, očistenie od všetkých druhov nespravodlivosti, vernosť celým svojim životom, a pod. Taktiež hľadať Božie kráľovstvo a spravodlivosť podľa Božej vôle, priame a disciplinované skutky, neschádzať zo správnej cesty, stáť pevne v zákone, to všetko patrí do „spravodlivosti“ uznávanej Bohom.

Bez ohľadu na to, akí sme tichí a dobrí, nebudeme prinášať ovocie svetla, ak nie sme spravodliví. Predpokladajme, že niekto chytí vášho otca pod krk a uráža ho, hoci je nevinný. Ak budete mlčať a pozerať sa na to, ako otec trpí, nemôžeme to nazývať pravou spravodlivosťou a o vás nemožno povedať, že si ako synovia plníte povinnosť voči otcovi.

Preto dobrota bez spravodlivosti v Božích očiach nie je duchovná „dobrota.“ Ako môže byť záludná a nerozhodná myseľ dobrá? Naopak, ani spravodlivosť bez dobroty nemôže byť v

Božích očiach „spravodlivosťou", ale iba pred sebou samým.

Spravodlivosť a čistota Dávida

Dávid bol po Saulovi druhým kráľom Izraela. Keď bol Saul kráľom, Izrael bojoval proti Filištíncom. Dávid sa vierou zapáčil Bohu a porazil Goliáša. Prostredníctvom tohto Izrael zvíťazil.

Ale keď ľudia potom milovali Dávida, Saul sa zo žiarlivosti pokúsil Dávida zabiť. Saula už Boh opustil kvôli jeho arogancii a neposlušnosti. Boh prisľúbil, že z Dávida urobí kráľa namiesto Saula.

V tejto situácii Dávid zaobchádzal so Saulom v dobrote, spravodlivosti a pravde. Aj keď bol nevinný, Dávid musel pred Saulom dlhú dobu utekať, pretože Saul sa ho snažil zabiť. Raz mal Dávid veľmi dobrú príležitosť, aby Saula zabil. Bojovníci, ktorí boli po boku Dávida, boli šťastní a chceli Saula zabiť, ale Dávid ich zastavil.

1 Sam 24, 7 hovorí: „*I povedal svojim ľuďom: ,Nech to Pán vzdiali odo mňa! Neurobím to svojmu pánovi, Pánovmu pomazanému! Nevztiahnem naň svoju ruku, lebo je to pomazaný Pána.* ‘"

Aj keď bol Saul Bohom opustený, Dávid mu nemohol ublížiť, pretože Saul bol pomazaný Bohom ako kráľ. Pretože moc nechať Saula žiť alebo zomrieť bola u Boha, Dávid neprekročil jeho právomoc. Boh hovorí, že Dávidovo srdce je spravodlivé.

Jeho spravodlivosť sa preukázala spolu s dojímavou dobrotou. Saul ho chcel zabiť, ale Dávid ušetril Saulov život. Toto je obrovská dobrota. Nechcel odplácať zlo zlom, ale len dobrými slovami a skutkami. Táto dobrota a spravodlivosť boli pravdivé, čo znamená, že vychádzali zo samotnej pravdy.

Keď Saul zistil, že Dávid ušetril jeho život, bol dojatý touto dobrotou a zdalo sa, že sa jeho srdce zmenilo. Ale čoskoro znova zmenil svoj názor a opäť sa pokúsil Dávida zabiť. Dávid mal opäť šancu zabiť Saula, ale rovnako ako predtým, nechal Saula žiť. Dávid ukázal nemennú dobrotu a spravodlivosť, ktoré mohli byť Bohom uznané.

Ak by bol Dávid zabil Saula pri prvej príležitosti, mohol by sa stať kráľom oveľa skôr bez toľkého utrpenia? Samozrejme, že mohol. Aj keď v skutočnosti budeme musieť prejsť väčším utrpením a problémami, mali by sme mať srdce, ktoré si vyberie Božiu spravodlivosť. A ak sme raz Bohom uznaní za spravodlivých, úroveň Božej ochrany bude iná.

Dávid nezabil Saula vlastnou rukou. Saul bol zabitý rukami pohanov. A pretože Boh ho osvedčil, Dávid sa stal kráľom Izraela. Navyše potom, čo sa Dávid stal kráľom, mohol vytvoriť veľmi silný národ. Najpodstatnejším dôvodom je, že Boh bol veľmi potešený spravodlivým a čistým srdcom Dávida.

A preto musíme byť vyvážení a dokonalí v dobrote, spravodlivosti a pravde, aby sme mohli prinášať hojné ovocie svetla – ovocie smaragdu, štvrtého základného kameňa a vydávať vôňu spravodlivosti, ktorá potešuje Boha.

5. Sardonyx: Duchovná vernosť

Sardonyx, piaty základný kameň hradieb Nového Jeruzalema, duchovne symbolizuje vernosť. Ak budeme robiť len to, čo je nám pridelené, nemôžeme povedať, že sme verní. Môžeme povedať, že sme verní, keď sme urobili viac ako to, čo je našou povinnosťou. Urobiť viac ako to, čo je našou povinnosťou, znamená, že nemôžeme byť leniví. Pri vykonávaní našich povinností musíme byť vo všetkom usilovní a pracovití a musíme urobiť viac než len našu povinnosť.

Predpokladajme, že ste zamestnancom. Ak iba dobre urobíte svoju prácu, môžeme povedať, že ste verní? Urobili ste iba to, čo ste mali urobiť, takže nemôžeme povedať, že ste pracovití a spoľahliví. Mali by ste splniť nielen prácu, ktorou ste poverení, ale tiež sa celým srdcom a celou mysľou snažiť robiť veci, ktoré vám pôvodne neboli pridelené. Až potom možno povedať, že ste verní.

Druh pracovitej vernosti, ktorá je Bohom uznaná, je plniť povinnosti celým srdcom, mysľou, dušou a životom. Tento druh vernosti musí byť realizovaný vo všetkých oblastiach: v kostole, v zamestnaní a v rodine. Potom môžeme povedať, že ste verní v celom Božom dome.

Byť duchovne verný

Na to, aby sme mali duchovnú vernosť, musíme mať spravodlivé srdce. Mali by sme túžiť po rozšírení Božieho kráľovstva, po oživení a raste cirki, po prosperite na pracovisku a po šťastí v našich rodinách. Spravodlivé srdce znamená nehľadať len vlastné dobro, ale túžiť po dobre pre ostatných a po prosperite v spoločenstve.

Na to, aby sme boli verní, a zároveň mali aj spravodlivé srdce, musíme mať obetavé srdce. Keď si myslíme: „Najdôležitejší je môj blahobyt, nie či cirkev rastie, alebo nie," pravdepodobne sa pre cirkev neobetujeme. V takomto človeku vernosť nenájdeme. Ani Boh nemôže povedať, že tento druh srdca je spravodlivé srdce.

Ak okrem tejto spravodlivosti máme aj obetavé srdce, budeme verne pracovať pre spásu duší a cirkvi. Dokonca, aj keď nám to nie je pridelené, budeme evanjelium usilovne kázať. Aj keď nás o to nikto nepožiada, obetujeme aj voľný čas a budeme sa starať o ďalšie duše. Tiež venujeme vlastné peniaze v prospech ostatných duší a dáme im všetku našu lásku a vernosť.

A aby sa táto vernosť stala vernosťou v celom Božom dome, mali by sme mať aj dobrotu srdca. Tí, ktorí majú dobré srdce, nebudú sa prikláňať len k jednej alebo k druhej strane. Ak sme niečo zanedbali, nebudeme s tým spokojní, ak máme v srdci dobrotu.

Ak máte v srdci dobrotu, budete verní všetkým vašim povinnostiam. Nebudete zanedbávať iné skupiny, mysliac si: „Pretože som vodcom tejto skupiny, členovia druhej skupiny pochopia, prečo sa nemôžem zúčastniť ich stretnutia." Vo svojej dobrote budete cítiť, že by ste nemali zanedbávať ostatné skupiny. Takže, aj keď sa stretnutia nemôžete zúčastniť, môžete urobiť aspoň niečo a starať sa aj o druhú skupinu.

Miera tohto druhu postoja bude rôzna v závislosti od množstva dobroty vo vás. Ak je vo vás trochu dobroty, druhá skupina vás nebude veľmi zaujímať. Ale ak je vo vás dobroty viac, nebudete môcť jednoducho ignorovať niečo, čo vo vašom srdci spôsobí nepokoj. Viete, aké skutky sú skutky dobroty, a ak ste ešte dobrotu nedosiahli, je to pre vás ťažké znášať. Budete mať pokoj iba vtedy, ak preukážete dobré skutky v skutkoch dobroty.

Tí, ktorí majú dobré srdce, budú mať čoskoro v srdci nepríjemný pocit, keď neurobia to, čo by v danej situácii mali urobiť, či už je to v práci, alebo doma. Ani sa nevyhovárajú na to, že im to situácia nedovolila.

Predpokladajme, napríklad, že máme členku, ktorá má v cirkvi veľa titulov. V cirkvi trávi veľa času. Relatívne vzaté, v porovnaní s minulosťou potom trávi menej času s manželom a deťmi.

Keby mala skutočne dobré srdce a bola verná v celom Božom dome, kvôli zníženiu množstva času, ktorý trávi s rodinou, dala by im viac lásky a starostlivosti. Musí sa snažiť o to najlepšie vo všetkých aspektoch a vo všetkých druhoch povinností.

Potom ľudia okolo nej budú môcť cítiť pravdivú vôňu jej srdca a budú spokojní. Pretože cítia dobrotu a pravdivú lásku, budú sa snažiť pochopiť ju a pomôcť jej. A nakoniec bude s každým v mieri. Toto znamená byť s dobrým srdcom verný v celom Božom dome.

Rovnako ako Mojžiš, ktorý bol verný v celom Božom dome

Mojžiš bol prorok uznaný Bohom do tej miery, že Boh k nemu prehovoril tvárou v tvár. Mojžiš úplne vykonal všetky svoje povinnosti, aby splnil to, čo mu Boh prikázal, nemysliac na vlastné útrapy. Izraeliti sa aj naďalej sťažovali a vzpierali, keď čelili aj malým ťažkostiam, dokonca aj potom, čo videli a zažili Božie divy a znamenia. Ale Mojžiš ich stále viedol vo viere a v láske. Aj keď sa Boh na Izraelitov rozhneval kvôli ich hriechom, Mojžiš sa od nich neodvrátil. Obrátil sa k PÁNOVI a povedal:

Tak Mojžiš odišiel opäť k Pánovi a povedal: „Ach, tento ľud sa dopustil veľkej viny, veď si urobil boha zo zlata. A teraz alebo im odpusť ich previnenie, alebo ak nie, vytri ma zo svojej knihy, ktorú si napísal!" (Ex 32, 31-32)

Postil sa v mene ľudu, riskoval život a bol vernejší ako Boh očakával. To je dôvod, prečo Boh uznal a uistil Mojžiša slovami: *„Je verný v celom mojom dome"* (Nm 12, 7).

Okrem toho, vernosť, ktorú symbolizuje sardonyx, je vernosť až na smrť, ako je napísané v Zjv 2, 10. To je možné iba vtedy, keď na prvom mieste milujeme Boha. To znamená obetovať všetok náš čas a peniaze, dokonca aj život, a celým srdcom a mysľou robiť viac ako len to, čo nám bolo pridelené.

V dávnych dobách boli lojálni poddaní, ktorí pomáhali kráľovi a boli verní svojmu národu, dokonca až na obetovanie vlastného života. V prípade, že kráľ bol tyran, skutočne lojálni poddaní by poradili kráľovi nasledovať správnu cestu, aj keď to mohlo ľahko znamenať obetovať vlastné životy. Mohli byť deportovaní alebo usmrtení, ale oni boli lojálni, pretože milovali kráľa a národ, aj keď ich táto láska mohla stáť život.

Na dosiahnutie Božieho kráľovstva a spravodlivosti musíme milovať Boha na prvom mieste, aby sme dokázali urobiť viac než len to, čo sa od nás žiada, tak ako lojálni poddaní položili za národ životy, a tak ako aj Mojžiš bol verný v celom Božom dome. Preto by sme sa mali rýchlo stať svätými a byť verní vo všetkých aspektoch nášho života, aby sme tak boli kvalifikovaní na vstup do Nového Jeruzalema.

6. Sardion: Vášnivá láska

Sardion je transparentný, má tmavočervenú farbu a symbolizuje žeravé slnko. Je šiestym základným kameňom hradieb Nového Jeruzalema a duchovne symbolizuje vášeň, nadšenie a vášnivú lásku pri dosahovaní Božieho kráľovstva a spravodlivosti. Je to srdce, ktoré celou silou verne vykonáva pridelené úlohy a povinnosti.

Rôzne úrovne vášnivej lásky

Existuje mnoho úrovní lásky a všeobecne môže byť rozdelená na duchovnú lásku a telesnú lásku. Duchovná láska sa nikdy nemení, pretože je daná od Boha, ale telesná láska sa ľahko mení, hlavne preto, lebo je sebecká.

Bez ohľadu na to, aká pravá je láska svetských ľudí, nikdy nemôže byť duchovnou láskou, ktorá je láskou Pána a je možné ju získať iba v pravde. Taktiež, duchovnú lásku nemôžeme mať hneď, ako sa dostaneme k pravde. Môžeme ju získať až potom, keď sa podobáme srdcu Pána.

Máte duchovnú lásku? Môžete sa preskúmať na základe definície duchovnej lásky 1 Kor 13, 4-7.

Láska je trpezlivá, láska je dobrotivá; nezávidí, nevypína sa, nevystatuje sa, nie je nehanebná, nie je sebecká, nerozčuľuje sa, nemyslí na zlé, neteší sa z neprávosti, ale raduje sa z pravdy. Všetko znáša, všetko verí, všetko dúfa, všetko vydrží.

Napríklad, ak sme trpezliví, ale aj sebeckí alebo nenahneváme sa ľahko, ale sme drzí, zatiaľ ešte nemáme duchovnú lásku, o ktorej píše Pavol. Ak chceme mať pravú duchovnú lásku, nesmieme vynechať ani jedinú vec.

Na jednej strane, ak ešte stále máte pocit osamelosti alebo prázdnoty, aj keď si myslíte, že máte duchovnú lásku, je to preto, lebo ste očakávali niečo späť, bez toho, aby ste si to uvedomovali. Vaše srdce ešte nebolo úplne naplnené pravdou duchovnej lásky.

Na druhej strane, ak ste plní duchovnej lásky, nikdy sa nebudete cítiť osamelo alebo prázdni, ale vždy budete radostní, šťastní a vďační. Duchovná láska sa raduje v dávaní: čím viac dáte, tým budete radostnejší, vďačnejší a šťastnejší.

Duchovná láska sa raduje v dávaní samého seba

Rim 5, 8 nám hovorí: „*Ale Boh dokazuje svoju lásku k nám tým, že Kristus zomrel za nás, keď sme boli ešte hriešnici.*"

Boh veľmi miluje Ježiša, svojho jediného Syna, pretože Ježiš je samotnou pravdou a úplne sa podobá samotnému Bohu. Napriek tomu, On dal svojho jediného Syna ako zmiernu obetu. Aká veľká a vzácna je Božia láska!

Boh preukázal svoju lásku k nám tým, že obetoval svojho jediného Syna. To je dôvod, prečo je v 1 Jn 4, 16 napísané: „*A my, čo sme uverili, spoznali sme lásku, akú má Boh k nám. Boh je láska; a kto ostáva v láske, ostáva v Bohu a Boh ostáva v ňom."*

Aby sme mohli vstúpiť do Nového Jeruzalema, musíme mať Božiu lásku, s ktorou môžeme obetovať samých seba, a ktorá sa raduje v dávaní, aby sme získali dôkazy, ktoré svedčia o našom živote v Bohu.

Vášnivá láska apoštola Pavla k dušiam

Biblická postava, ktorá má tento druh vášnivého srdca, ako sardion v obetovaní sa pre Božie kráľovstvo, je apoštol Pavol. Od chvíle, kedy sa stretol s Pánom až do okamihu jeho smrti, jeho skutky lásky k Pánovi sa nikdy nemenili. Ako apoštol pohanov zachránil veľa duší a založil mnoho kostolov počas troch misijných ciest. Až kým nebol umučený v Ríme, neustále svedčil o Ježišovi Kristovi.

Pavlova cesta apoštola pre pohanov bola veľmi ťažká a nebezpečná. Bol v mnohých životohrozujúcich situáciách a bol nepretržite prenasledovaný Židmi. Bol zbitý, uväznený a trikrát stroskotal na lodi. Nespal, často bol hladný a smädný a vydržal v studenom aj v teplom počasí. Počas misijnej cesty zažil mnoho situácií, ktoré boli pre človeka ťažké.

Napriek tomu, Pavol nikdy neľutoval svoj výber. Nikdy nemal myšlienky ako: „Je to ťažké a chcem si oddýchnuť hoci len na chvíľu ..." Jeho srdce sa nikdy nezapotácalo a nikdy sa ničoho nebál. Aj keď čelil mnohým problémom, jeho hlavným záujmom bola len cirkev a veriaci.

Potvrdzuje to 2 Kor 11, 28-29: *„A okrem toho na mňa deň*

čo deň dolieha starosť o všetky cirkvi. Veď kto je slabý, aby som nebol slabý aj ja? Kto je vystavený pohoršeniu, aby to aj mňa nepálilo? "

Až kým nakoniec neobetoval aj vlastný život, Pavol preukázal nadšenie a zápal, keď sa snažil o spásu duší. V Rim 9, 3 môžeme vidieť, ako vášnivo túžil po spáse duší: *„Radšej by som bol ja zavrhnutý od Krista namiesto svojich bratov, mojich príbuzných podľa tela. "*

Tu, „moji bratia" nepredstavuje len jeho pokrvných príbuzných. Týka sa to všetkých Izraelitov, vrátane Židov, ktorí ho prenasledovali. Povedal, že by si dokonca vybral aj peklo, ak by to pre nich znamenalo spásu. Vidíme, aká veľká bola jeho vášnivá láska k dušiam, a aká veľká bola jeho horlivosť za ich záchranu.

Táto vášnivá láska k Pánovi, horlivosť a snaha o spásu duší iných, je reprezentovaná červenou farbou sardionu.

7. Chryzolit: Milosrdenstvo

Chryzolit, siedmy základný kameň hradieb Nového Jeruzalema, je priehľadný alebo polopriehľadný kameň, ktorý je žltej, zelenej, modrej či ružovej farby alebo sa niekedy zdá byť úplne transparentný.

Čo symbolizuje chryzolit duchovne? Duchovný význam milosrdenstva je skutočne pochopiť niekoho, kto nemôže byť vôbec pochopený a skutočne odpustiť niekomu, komu nemôže byť vôbec odpustené. Skutočne pochopiť a skutočne odpustiť znamená pochopiť a odpustiť v dobrote s láskou. Milosrdenstvo, s ktorým môžeme prijať iných ľudí s láskou, je milosrdenstvo, ktoré je symbolizované chryzolitom.

Tí, ktorí majú toto milosrdenstvo, nemajú žiadne predsudky. Nepremýšľajú spôsobom: „Nemám ho kvôli tomuto rád. Nemám ju kvôli tomu rád." K nikomu necítia odpor alebo nenávisť. A samozrejme nemajú žiadnych nepriateľov.

Snažia sa na všetko pozerať a premýšľať len krásnym spôsobom. Akceptujú každého. Keď sa stretnú s človekom, ktorý sa dopustil ťažkého hriechu, iba preukážu súcit. Nenávidia hriech, ale nie hriešnika. Skôr sa snažia mu porozumieť a prijať ho. To je milosrdenstvo.

Milosrdné srdce preukázané Ježišom a Štefanom

Ježiš preukázal milosrdenstvo Judášovi Iškariotskému, ktorý Ho zradil. Ježiš totiž vedel od začiatku, že Judáš Iškariotský Ho zradí. Napriek tomu, Ježiš ho nevylúčil ani si od neho nedržal odstup. V srdci voči nemu necítil odpor ani nenávisť. Ježiš ho miloval až do samého konca a dal Judášovi šancu na návrat. Toto srdce je milosrdné srdce.

Aj keď bol Ježiš pribitý na kríž, na nikoho sa nesťažoval a k nikomu neprechovával nenávisť. Radšej sa modlil a prihováral za tých, ktorí Mu spôsobovali bolesti a zranenia, ako je zaznamenané v Lk 23, 34: *„Otče, odpusť im, lebo nevedia, čo robia."*

Štefan mal tiež tento druh milosrdenstva. Hoci Štefan nebol apoštolom, bol plný milosti a sily. A zlí ľudia ho nakoniec ukameňovali k smrti. Ale aj keď bol kameňovaný, radšej sa modlil za tých, ktorí ho zabíjali. Je to zaznamenané v Sk 7, 60: *„Potom si kľakol a zvolal silným hlasom: ‚Pane, nezapočítaj im tento hriech.' A len čo to povedal, zomrel.“*

Skutočnosť, že sa Štefan modlil za tých, ktorí ho zabíjali, dokazuje, že už im odpustil. Necítil k nim žiadnu nenávisť. Toto dokazuje, že prinášal dokonalé ovocie milosrdenstva – mal súcit s týmito ľuďmi.

Ak neznášate alebo nemáte radi jedného z vašich rodinných príslušníkov, bratov vo viere, kolegov v práci alebo je niekto, o kom si myslíte: „Nepáči sa mi jeho postoj. Vždy je proti mne a nemám ho rád,“ alebo ak z rôznych dôvodov niekoho nemáte radi a budete sa mu vyhýbať, ako ďaleko je to od „milosrdenstva“?

Nemali by sme mať nikoho, koho nemáme radi alebo nenávidíme. Mali by sme byť schopní každého pochopiť, prijať a preukázať mu dobrotu. Boh Otec nám ukazuje krásu milosrdenstva týmto drahokamom chryzolitom.

Milosrdné srdce, ktoré všetko prijíma

Aký je teda rozdiel medzi láskou a milosrdenstvom?

Duchovná láska je obetovanie seba samého, bez hľadania vlastných záujmov a prospechu a neočakáva nič späť. Kdežto milosrdenstvo kladie väčší dôraz na odpustenie a toleranciu. Inými slovami, milosrdenstvo je srdce, ktoré rozumie a nemá v nenávisti ani tých, ktorých nemožno pochopiť alebo milovať. Milosrdenstvo nevie, čo je nenávisť a opovrhnutie, ale každého posilňuje a potešuje. Ak máte tento druh vrelého srdca, nebudete poukazovať na chyby a nedostatky druhých, ale namiesto toho ich prijmete takých, akí sú, aby ste s nimi mohli mať dobré vzťahy.

Ako sa teda máme správať k zlým ľuďom? Nesmieme zabúdať, že sme kedysi boli zlí, ale prišli sme k Bohu, pretože niekto iný nás láskou a odpustením doviedol k pravde.

Taktiež, keď sa stretneme s luhármi, často zabúdame, že predtým, ako sme uverili v Boha, aj my sme kedysi klamali v honbe za vlastným prospechom. Namiesto toho, aby sme sa týmto ľuďom vyhýbali, mali by sme prejaviť milosrdenstvo, aby sa mohli vrátiť zo zlých ciest. Až keď ich pochopíme a s toleranciou a láskou ich budeme viesť, môžu sa zmeniť a prísť k pravde. Milosrdenstvo bez predsudkov prijíma každého človeka takého, aký je, nikoho neuráža a všetko sa snaží pochopiť v dobrom slova zmysle, či sa vám to páči, alebo nie.

8. Beryl: Trpezlivosť

Beryl, ôsmy základný kameň hradieb Nového Jeruzalema, má modrú alebo tmavozelenú farbu a pripomína modré more. Čo symbolizuje beryl duchovne? Symbolizuje trpezlivosť vo všetkom pri dosahovaní Božieho kráľovstva a Jeho spravodlivosti. Beryl znamená vytrvalosť v láske, a dokonca aj to, keď vás iní prenasledujú, preklínajú a nenávidia, ale vy sa s nimi nehádate ani proti nim nebojujete.

Jak 5, 10 nás povzbudzuje takto: *„Za príklad, ako trpieť a byť trpezlivým, berte si, bratia; prorokov, ktorí hovorili v mene Pánovom. "* Druhých môžeme zmeniť len vtedy, keď sme s nimi trpezliví.

Trpezlivosť ako ovocie Ducha Svätého a duchovnej lásky

V Gal 5 čítame o trpezlivosti ako o jednom z deviatich ovocí Ducha Svätého a v 1 Kor 13 ako o ovocí lásky. Je nejaký rozdiel medzi trpezlivosťou ako ovocím Ducha Svätého a trpezlivosťou ako ovocím lásky?

Na jednej strane, trpezlivosť v láske sa týka trpezlivosti potrebnej na vytrvalosť v akomkoľvek osobnom spore, ako je napríklad, trpezlivosť s tými, ktorí vás urážajú alebo s rôznymi druhmi utrpenia, s ktorými sa v živote stretnete. Na druhej strane, trpezlivosť ako ovocie Ducha Svätého sa vzťahuje na trpezlivosť v pravde a na trpezlivosť vo všetkom v očiach Boha.

Preto, trpezlivosť ako ovocie Ducha Svätého má širší význam, vrátane trpezlivosti v osobných záležitostiach a vo veciach týkajúcich sa Božieho kráľovstva a Jeho spravodlivosti.

Rôzne druhy trpezlivosti v pravde

Trpezlivosť na dosiahnutie Božieho kráľovstva a spravodlivosti môžeme rozdeliť do troch skupín.

Po prvé, je to trpezlivosť medzi Bohom a nami. Musíme byť trpezliví, kým sa splní Boží sľub. Boh Otec je verný; akonáhle niečo povedal, určite to urobí bez toho, aby zmenil názor. Takže, ak sme dostali od Boha sľub, musíme byť trpezliví, kým nebude splnený.

Ak sme Boha o niečo požiadali, musíme byť trpezliví, kým dostaneme odpoveď. Niektorí kresťania hovoria: „Modlím sa celú noc, a dokonca sa aj postím, a stále žiadna odpoveď.“ Je to rovnaké, ako keď poľnohospodár, ktorý zaseje semená, čoskoro prekope celé pole, pretože ihneď nezískal plody. Ak sme zasiali, musíme byť trpezliví, kým to vyklíči, vyrastie, zakvitne a prinesie ovocie.

Poľnohospodár vyrhá burinu a ochráni plodiny pred škodlivým hmyzom. Vynaloží veľké úsilie a veľa potu, aby získal dobré ovocie. A rovnako, aj na získanie odpovede za to, za čo sme sa modlili, sú veci, ktoré musíme urobiť. Musíme dosiahnuť vhodnú mieru podľa miery siedmich Duchov – viera, radosť, modlitba, vďačnosť, tvrdá praca, vernosť, zachovávanie prikázaní a láska.

Boh nám odpovie okamžite len vtedy, ak dosiahneme požadované kvalifikácie v súlade s mierou našej viery. Musíme pochopiť, že doba trpezlivosti s Bohom je čas na získanie dokonalejšej odpovede a väčšej radosti a vďačnosti.

Po druhé, je to trpezlivosť medzi ľuďmi. Trpezlivosť duchovnej lásky patrí k trpezlivosti tohto druhu. Aby sme milovali akúkoľvek osobu v akomkoľvek druhu ľudských vzťahov, potrebujeme trpezlivosť.

Potrebujeme trpezlivosť, aby sme uverili v akéhokoľvek človeka, vytrvali s ním a dúfali, že bude úspešný. Aj keď urobí opak toho, čo sme očakávali, musíme byť vo všetkom trpezliví. Musíme pochopiť, akceptovať, odpustiť, dávať a byť trpezliví.

Tí, ktorí sa snažia evanjelizovať mnoho ľudí, pravdepodobne majú nejaké skúsenosti s prekliatím a prenasledovaním. Ale ak v srdci majú trpezlivosť, navštívia tie duše opäť s úsmevom na tvári.

S láskou zachrániť tieto duše, radujú sa a vzdávajú vďaky a nikdy sa nevzdávajú. Keď preukážu tento druh trpezlivosti v dobrote a láske voči človeku, ktorého evanjelizujú, tma ho opustí v dôsledku tohto svetla a ten človek môže otvoriť svoje srdce, prijať svetlo a získať spasenie.

Po tretie, je to trpezlivosť zmeniť srdce.

Zmeniť srdce znamená zbaviť sa nepravdy a zla v našom srdci a na to miesto zasadiť pravdu a dobro. Zmeniť srdce sa podobá príprave poľa. Musíme odstrániť kamene a vytrhať burinu. Niekedy musíme zorať pôdu. Potom to môže byť dobré pole a všetko, čo sme zasiali, bude rásť a prinášať ovocie.

Je to rovnaké so srdciami ľudí. Do tej miery, do akej objavíme v našom srdci zlo a zbavíme sa ho, môžeme mať dobré pole v srdci. Potom, keď je zasiate Božie Slovo, môže vyklíčiť, dobre rásť a prinášať ovocie. A tak ako sa musíme potiť a tvrdo pracovať pri príprave poľa, musíme urobiť to isté, keď meníme naše srdce. V modlitbe musíme horlivo volať celou silou a celým srdcom. Potom môžeme získať silu Ducha Svätého, aby sme mohli zorať telesné srdce, ktoré je ako neúrodná pôda.

Tento proces nie je taký jednoduchý, ako by sa mohlo zdať. To je dôvod, prečo niektorí ľudia môžu cítiť záťaž, byť skľúčení alebo upadať do zúfalstva. Preto potrebujeme trpezlivosť. Aj keď sa zdá, že sa meníme veľmi pomaly, nikdy by sme nemali byť sklamaní alebo sa vzdať.

Mali by sme si spomenúť na lásku Pána, ktorý za nás zomrel na kríži, získať novú silu a neustále kultivovať pole srdca. Tiež by sme mali hľadať lásku a Božie požehnanie, ktoré od Neho dostaneme, keď naše srdce úplne skultivujeme. Mali by sme pracovať s väčšou vďačnosťou.

Ak by sme v sebe nemali žiadne zlo, termín „trpezlivosť", by bol zbytočný. Z rovnakého dôvodu, ak by sme mali len lásku, odpustenie a pochopenie, nezostal by tam žiadny priestor pre „trpezlivosť." Preto Boh chce, aby sme mali taký druh trpezlivosti, v ktorom slovo „trpezlivosť" nie je potrebné. V skutočnosti, Boh, ktorý Je dobro a láska, nepotrebuje byť trpezlivý. Ale On nám hovorí, že Je s nami „trpezlivý", aby nám pomohol pochopiť pojem „trpezlivosť." Musíme si uvedomiť, že čím viac atribútov máme, aby sme boli trpezliví za určitých okolností, tým väčšie zlo v Božích očiach máme v našom srdci.

Ak nemáme nič, s čím by sme museli byť trpezliví potom, ako dosiahneme dokonalé ovocie trpezlivosti, budeme vždy radostní, odvšadiaľ počúvať len dobré správy a v srdciach sa cítiť tak ľahko, ako keby sme kráčali po oblakoch.

9. Topaz: Duchovná dobrota

Topaz, deviaty základný kameň hradieb Nového Jeruzalema, je transparentný kameň, červenkasto-oranžovej farby. Duchovné srdce symbolizované topazom je duchovná dobrota. Dobrota je kvalita byť milý, užitočný a čestný. Ale duchovný význam dobroty má hlbší význam.

Medzi deviatim ovocím Ducha Svätého je aj dobrota a má rovnaký význam ako dobrota v topaze. Duchovný význam dobroty je hľadať dobrotu v Duchu Svätom.

Pre každého človeka je prirodzené súdiť medzi správnym a nesprávnym a medzi dobrom a zlom. Nazýva sa to „svedomie." Koncepcia svedomia sa líši v rôznych obdobiach, krajinách a národoch.

Norma pre meranie veľkosti duchovnej dobroty je len jedna: Božie Slovo – Pravda. Preto hľadať dobrotu z nášho pohľadu, nie je duchovná dobrota. Hľadať dobrotu v Božích očiach je duchovná dobrota.

Mt 12, 35 hovorí: *„Dobrý človek vynáša z dobrého pokladu dobré veci. "* A preto tí, ktorí v sebe majú duchovnú dobrotu, prirodzene vynášajú tú dobrotu. Nech sú kdekoľvek a s kýmkoľvek, budú z nich vychádzať dobré slová a dobré skutky.

Rovnako ako tí, ktorí sa navoňavkujú, budú príjemne voňať, vôňa dobroty vyjde z tých, ktorí v sebe majú dobrotu. Menovite, vydávajú vôňu dobroty Krista. Preto len hľadanie dobroty v srdci nie je dobrota. Ak máme srdce, ktoré hľadá dobrotu, potom budeme samozrejme vydávať vôňu Krista dobrými slovami a skutkami. Týmto spôsobom by sme mali preukázať morálnu cnosť a lásku k ľuďom okolo nás. Toto je dobrota v pravom duchovnom význame.

Štandardy na meranie duchovnej dobroty

Boh je dobrý a dobrota je v celej Biblii – Božom Slove. V Biblii sú tiež verše, ktoré špecificky vydávajú viac farieb topazu, presnejšie, farby duchovnej dobroty.

Po prvé, nachádzame ho vo Flp 2, 1-4, ktorý znie: *„Ak teda jestvuje nejaké potešenie v Kristovi, ak jestvuje nejaká útecha* *z lásky, nejaké spoločenstvo ducha, nejaké srdce a zľutovanie, dovŕšte moju radosť: zmýšľajte rovnako, rovnako milujte, buďte jedna duša a jedna myseľ! Nerobte nič z nevraživosti ani pre márnu slávu, ale v pokore pokladajte jeden druhého za vyššieho. Nech nik nehľadí iba na svoje vlastné záujmy, ale aj na záujmy iných."*

Aj keď podľa našich myšlienok a pováh sa nám zdá, že niečo nie je v poriadku, ak budeme hľadať dobrotu v Pánovi, vytvoríme si puto s ostatnými a budeme súhlasiť s ich názormi. Nebudeme sa o ničom hádať. Nebudeme mať túžbu chváliť sa alebo byť chválení niekým iným. Z hĺbky sŕdc a so skromným srdcom budeme ostatných považovať za lepších ako sme my. Budeme robiť svoju prácu svedomito a veľmi zodpovedne. Budeme dokonca schopní pomáhať ostatným s ich prácou.

Z podobenstva o dobrom Samaritánovi v Lk 10, 30-36 môžeme vidieť, aký človek má v srdci dobrotu:

„Istý človek zostupoval z Jeruzalema do Jericha a padol do rúk zbojníkov. Tí ho ozbíjali, doráňali, nechali ho polomŕtveho a odišli. Náhodou šiel tou cestou istý kňaz a keď ho uvidel, obišiel ho. Takisto aj levita: keď prišiel na to miesto a uvidel ho, išiel ďalej. No prišiel k nemu istý cestujúci Samaritán a keď ho uvidel, bolo mu ho ľúto. Pristúpil k nemu, nalial mu na rany oleja a vína a obviazal mu ich; vyložil ho na svoje dobytča, zaviezol ho do hostinca a staral sa oň. Na druhý deň vyňal dva denáre, dal ich hostinskému a povedal: ,Staraj sa oň a ak vynaložíš viac, ja ti to zaplatím, keď sa budem vracať.' Čo myslíš, ktorý z tých

troch bol blížnym tomu, čo padol do rúk zbojníkov?"

Spomedzi kňaza, levítu a Samaritána – kto bol teda skutočným blížnym a láskavým človekom? Iba Samaritán mohol byť skutočným blížnym okradnutému človeku, pretože mal v srdci dobrotu vybrať si správnu cestu, aj keď bol pohanom.

Tento Samaritan nemusel mať vela vedomostí o Božom Slove. Ale vidíme, že mal srdce, ktoré nasledovalo dobrotu. To znamená, že mal duchovnú dobrotu nasledujúcu dobrotu v Božích očiach. Aj za cenu obetovania vlastného času a peňazí, musíme sa zvoliť dobrotu v Božích očiach. To je duchovná dobrota.

Ježišova dobrota

Ďalší verš v Biblii, ktorý vydáva svetlo dobroty ešte jasnejšie, je Mt 12, 19-20. Týka sa Ježišovej dobroty. Znie:

Nebude sa škriepiť, nebude kričať, nik nebude počuť na ulici jeho hlas. Nalomenú trsť nedolomí, hasnúci knôtik nedohasí, kým neprivedie právo k víťazstvu.

Fráza „kým neprivedie právo k víťazstvu" zdôrazňuje, že Ježiš konal len s dobrým srdcom počas celého procesu ukrižovania a vzkriesenia, a tak nám dal víťazstvo Jeho milosťou spásy.

Pretože Ježiš mal duchovnú dobrotu, nikdy nikoho neurazil ani sa s nikým nehádal. Prijal všetko s múdrosťou duchovného dobra a slovami pravdy, aj keď čelil krutým a zdanlivo neprijateľným situáciam. Navyše, Ježiš ani nekonfrontoval tých, ktorí sa Ho snažili zabiť, ani sa nepokúsil vysvetliť a dokázať svoju nevinu. On všetko nechal na Boha a všetko splnil v Jeho múdrosti a pravde v duchovnej dobrote.

Duchovná dobrota je srdce, ktoré „nalomenú trsť nedolomí a hasnúci knôtik nedohasí." Táto definícia pokrýva referenčné body dobroty.

Tí, ktorí majú dobrotu, s nikým sa neškriepia ani nekričia. Dobrotu dokazujú aj svojím prejavom. Ako je zaznamenané: „nik nebude počuť na ulici jeho hlas", tí, ktorí majú dobrotu, budú vyžarovať dobrotu a pokoru aj navonok. Aký bezúhonný a dokonalý musel byť Ježiš v Jeho spôsobe chôdze, gestách a slovách! Prís 22, 11 hovoria: *„ (Pán) má rád toho, kto má čisté srdce, a milí sú mu neporušení. Človeku ľúbych perí je kráľ priateľom. "*

Po prvé, „nalomená trsť" predstavuje tých, ktorí si od tohto sveta veľa vytrpeli a majú zranené srdcia. Aj keď Boha hľadajú s úbohým srdcom, Boh ich neopustí, ale prijme ich. Toto srdce Boha a srdce Ježiša je najvyššia dobrota.

Ďalej, je to rovnaké so srdcom, ktoré nedohasí hasnúci knôt. Ak knôt uhasína, znamená to, že oheň umiera, ale ešte stále sú tam žeravé uhlíky. V tomto zmysle „hasnúci knôt" je človek, ktorý je tak ušpinený zlom, že svetlo jeho ducha je „hasnúce." Ak tento typ človeka má aj tú najmenšiu možnosť získať spasenie, nemali by sme to s ním vzdať. To je dobrota.

Náš Pán to nevzdáva ani s ľuďmi, ktorí žijú v hriechu a stoja proti Bohu. Neustále klope na dvere ich srdca, aby im umožnil dosiahnuť spasenie. Toto srdce nášho Pána je dobrota.

Sú ľudia, ktorí sú vo viere ako nalomená trsť a hasnúci knôt.

Keď kvôli slabej viere podľahnú pokušeniu, niektorí ľudia nemajú silu sami sa vrátiť späť do kostola. Možno kvôli nejakým telesným hriechom, ktorých sa ešte nezbavili alebo možno spôsobili ujmu iným cirkevným členom. Pretože to veľmi ľutujú a cítia sa pre to trápne, nemajú pocit, že sa môžu do kostola vrátiť.

Takže my musíme ísť k nim prví. Musíme im ponúknuť naše ruky a držať ich za ruku. Toto je dobrota. Taktiež sú ľudia, ktorí boli kedysi veriaci, ale neskôr zaostávajú v duchu. Niektorí z nich sa stanú „hasnúcim knôtom.“

Niektorí z nich chcú byť ostatnými milovaní a uznaní, ale to sa nedeje. A tak sú zdrvení a prejaví sa v nich zlo. Môžu žiarliť na ostatných, ktorí v duchu napredujú a môžu ich dokonca aj ohovárať. Je to ako hasnúci knôt, ktorý vydáva dym a výpary.

Ak máme pravú dobrotu, budeme schopní porozumieť týmto ľuďom a prijať ich. Ak sa pokúsime porozprávať o tom, čo je správne a čo nie, a ostatných ľudí prinútime súhlasiť, nie je to dobrota. Musíme s nimi zaobchádzať dobre v pravde a v láske, dokonca aj s tými, ktorí sú zlí. Musíme sa obmäkčiť a pohnúť srdcom. Keď toto urobíme, konáme v dobrote.

10. Chryzopras: Sebaovládanie

Chryzopras, desiaty základný kameň hradieb Nového Jeruzalema, je najdrahší medzi chalcedónmi. Je polo-transparentný a je tmavozelenej farby. Je jedným z drahých kameňov, ktoré kórejské ženy kedysi považovali za veľmi vzácne. Pre nich symbolizoval cudnosť a čistotu ženy.

Čo symbolizuje chryzopras duchovne? Znamená

sebaovládanie. Je dobré mať v Bohu hojnosť vo všetkom, ale musí tam byť sebaovládanie, aby všetko mohlo byť krásne. Sebaovládanie je tiež jedným z deviatich ovocí Ducha Svätého.

Sebaovládanie na dosiahnutie dokonalosti

Tit 1, 7-9 nám hovorí o vlastnostiach biskupa cirkvi a jednou z podmienok je sebaovládanie. Ak človek, ktorému chýba sebaovládanie, stane sa biskupom, čo bude schopný dosiahnuť svojím nekontrolovaným životom?

Vo všetkom, čo robíme pre Pána a v Pánovi, mali by sme rozlišovať pravdu od nepravdy a sebaovládaním nasledovať vôľu Ducha Svätého. Ak sme schopní počuť hlas Ducha Svätého, budeme vo všetkom prosperovať, pretože máme sebaovládanie. Ak nemáme sebaovládanie, všeličo sa môže pokaziť a my sa môžeme stretnúť s nehodami, ako prírodnými, tak aj katastrofami spôsobenými človekom, chorobou, a pod.

Rovnako aj ovocie sebaovládania je veľmi dôležité a je nepostrádateľné pri dosahovaní dokonalosti. Do akej miery prinášame ovocie lásky, do takej miery môžeme prinášať ovocie radosti, pokoja, trpezlivosti, láskavosti, dobroty, vernosti a nežnosti, a toto ovocie bude kompletné sebaovládaním.

Sebaovládanie možno prirovnať k análnemu otvoru v našom tele. Aj keď je malý, v našom tele hrá veľmi dôležitú úlohu. Čo keď stratí sťahovaciu funkciu? Exkrementy nebudú kontrolované a my budeme všetci špinaví a neslušní.

Keď stratíme naše sebaovládanie, všetko sa môže zmeniť na chaos. Ľudia budú žiť v klamstve, pretože nebudú schopní duchovne sa kontrolovať. V dôsledku toho budú čeliť skúškam a nemôžu byť Bohom milovaní. Ak nie sme schopní kontrolovať sa fyzicky, budeme robiť nespravodlivé a protizákonné veci, pretože budeme jesť a opíjať sa, koľko sa nám zachce, a naše životy budú nemravné.

Ján Krstiteľ

Dobrým príkladom sebaovládania medzi biblickými postavami je Ján Krstiteľ.

Ján Krstiteľ jasne vedel, prečo prišiel na túto zem. Vedel, že má pripraviť cestu pre Ježiša, ktorý Je pravé svetlo. A tak, až kým nesplnil túto povinnosť, žil úplne v ústraní od tohto sveta. Ozbrojil sa modlitbou a Slovom a žil v samote na púšti. Jedol len kobylky a poľný med. Bol to veľmi oddelený a prísne kontrolovaný život. Prostredníctvom tohto druhu života bol schopný pripraviť cestu Pánovi a splnil to úplne.

V Mt 11, 11 o ňom Ježiš povedal: *„ Veru, hovorím vám: Medzi tými, čo sa narodili zo ženy, nepovstal nik väčší ako Ján Krstiteľ. "*

Ak si niekto myslí: „Aha, tak teraz odídem hlboko do hôr alebo na nejaké odľahlé miesto a budem žiť život so sebaovládaním!" To iba dokazuje, že nemá sebaovládanie, vykladá si Božie Slovo vlastným spôsobom a príliš veľa premýšľa.

Je dôležité riadiť sa v srdci Duchom Svätým. Ak ste ešte nedosiahli úroveň ducha, musíte ovládať svoje telesné túžby a nasledovať iba túžby Ducha Svätého. Aj keď dosiahnete ducha, musíte riadiť silu alebo veľkosť každého z duchovných sŕdc, aby boli v dokonalej harmónii ako celok. Toto sebaovládanie je zobrazené jasom chryzoprasu.

11. Hyacint: Čistota a svätosť

Hyacint, jedenásty základný kameň hradieb Nového Jeruzalema, je transparentný drahokam modrastej farby a duchovne symbolizuje čistotu a svätosť.

„Čistota" tu odkazuje na stav, kedy je človek úplne bez hriechu a je čistý bez akéhokoľvek zla alebo chýb. Ak sa osprchujete alebo vykúpete párkrát denne, prečešete si vlasy a pekne sa oblečiete, ludia budú hovoriť, že ste čistí a elegantní. Povedal by Boh, že ste čistí? Kto je teda človekom s čistým srdcom a ako sa ním môžeme stať?

Čisté srdce v Božích očiach

Farizeji a zákonníci si podľa tradície starších pred jedlom umývali ruky. Keď to učeníci Ježiša neurobili, pýtali sa Ježiša, aby Ho obvinili. Mt 15, 2 hovorí: *„Prečo tvoji učeníci prestupujú obyčaje otcov? Veď si neumývajú ruky, keď jedia chlieb."*

Ježiš ich naučil, čo je v skutočnosti čistota. V Mt 15, 19-20 povedal: *„Lebo zo srdca vychádzajú zlé myšlienky, vraždy, cudzoložstvá, smilstvá, krádeže, krivé svedectvá, rúhanie. Toto poškvrňuje človeka; ale jesť neumytými rukami, to človeka nepoškvrňuje."*

Čistota v očiach Boha je nemať žiadny hriech v srdci. Čistota je, keď máme srdce, ktoré je čisté bez viny, chyby alebo hriechu. Ruky a telo môžeme umyť vodou, ale ako si môžeme očistiť srdce?

Môžeme ho tiež umyť vodou. Môžeme ho očistiť umývaním duchovnou vodou, ktorou je Božie Slovo. Hebr 10, 22 hovorí: *„Pristupujme s úprimným srdcom v plnosti viery, so srdcom očisteným od zlého svedomia a s telom obmytým čistou vodou.“* Môžeme mať čisté a pravdivé srdce do tej miery, do akej budeme konať v súlade s Božím Slovom.

Keď počúvame všetko, čo nám Biblia hovorí, odhodíme všetko zlé a nebudeme to robiť, naše srdce bude umyté od nepravdy a zla. A keď budeme robiť všetko, čo nám Biblia prikazuje robiť a dodržiavať, môžeme sa vyhnúť opätovnému ušpineniu hriechom a zlom sveta, neustálym dodávaním čistej vody. Týmto spôsobom môžeme udržať naše srdce čisté.

Mt 5, 8 hovorí: *„Blahoslavení čistého srdca, lebo oni uvidia Boha.“* Boh nám povedal o požehnaní, ktoré dostane čisté srdce. Je ním to, že uvidí Boha. Tí, ktorí sú čistého srdca, v nebeskom kráľovstve uvidia Boha tvárou v tvár. Vstúpia aspoň do tretieho nebeského kráľovstva alebo dokonca do Nového Jeruzalema.

Ale skutočný význam „uvidia Boha“ nie je len vidieť Boha. Znamená to, že sa neustále budeme s Bohom stretávať a dostávať od Neho pomoc. To znamená, že žijeme život, v ktorom chodíme s Bohom, a to aj na tejto zemi.

Henoch, ktorý dosiahol čisté srdce

Piata kapitola knihy Genezis opisuje Henocha, ktorý mal čisté srdce a chodil s Bohom po tejto zemi. V Gn 5, 21-24 môžeme čítať, že Henoch chodil s Bohom tristo rokov od okamihu, keď sa stal otcom Matuzalema vo veku šesťdesiatich piatich rokov. Potom, ako sa uvádza vo verši 24: *„Henoch chodil s Bohom a nebolo ho, lebo Boh ho vzal,"* bol vzatý do neba živý.

Hebr 11, 5 nám objasňuje dôvod, prečo Henoch mohol byť prenesený do neba bez toho, aby videl smrť: *„Vierou bol Henoch prenesený, aby neuzrel smrť; nenašli ho, lebo Boh ho preniesol. Ešte pred prenesením si získal svedectvo, že sa páči Bohu."*

Henoch sa páčil Bohu tým, že mal veľmi čisté srdce bez akéhokoľvek hriechu, dokonca do tej miery, že nezomrel. A nakoniec bol vzatý do neba živý. Vtedy mal 365 rokov, ale v tej dobe sa ľudia dožívali viac ako 900 rokov. V dnešnom slova zmysle Boh vzal Henocha, keď bol v najvitálnejšej dobe jeho mladosti.

Bolo to preto, že Henoch bol v Božích očiach veľmi milý. Boh chcel mať Henocha blízko po Jeho boku v nebeskom kráľovstve, preto na neho nedopustil smrť. Môžeme jasne vidieť, ako veľmi Boh miluje tých a raduje sa nad tými, ktorí majú čisté srdce.

Ale ani Henoch sa nestal svätým cez noc. Tiež prešiel rôznymi druhmi skúšok, kým dosiahol vek 65 rokov. V Gn 5, 19 môžeme vidieť, že Jared, otec Henocha, plodil deti ešte 800 rokov po narodení Henocha, a tak si môžeme uvedomiť, že Henoch mal mnoho bratov a sestier.

Boh mi v hlbokých modlitbách vyjavil, že Henoch nemal žiadny problém s nikým z bratov a sestier. Nikdy nechcel mať viac ako jeho bratia, vždy im ustupoval. Nikdy nechcel byť viac uznaný ako jeho bratia a sestry a robil len to najlepšie. Aj keď niektorí jeho bratia boli milovaní viac než on, necítil sa nepríjemne a neprekážalo mu to, čo znamená, že v ňom nebolo žiarlivosti.

Henoch bol vždy poslušným človekom. Počúval nielen Božie Slovo, ale aj slová rodičov. Nikdy netrval na vlastnom názore. Nemal žiadne sebecké túžby a nič si nebral osobne. S každým bol v mieri.

Henoch si vypestoval čisté srdce, s ktorým mohol vidieť Boha. Keď Henoch dovŕšil šesťdesiatpäť rokov, dostal sa na úroveň, kde sa páčil Bohu a mohol s Bohom chodiť.

Ale je tu ešte ďalší dôležitý dôvod, prečo mohol chodiť s Bohom. Bolo to preto, lebo miloval Boha a miloval rozhovor s Bohom. A samozrejme sa nedíval na veci tohto sveta a miloval Boha viac ako čokoľvek na tomto svete.

Henoch miloval rodičov a poslúchal ich a medzi ním a všetkými jeho súrodencami vládol len pokoj a láska. No aj napriek tomu Boha miloval najviac. Tešil sa samote a chváleniu Boha viac ako tráveniu času s rodinnými príslušníkmi. Boh mu chýbal, keď pozoroval oblohu a prírodu a tešil sa, že mal spoločenstvo s Bohom.

Bolo to tak ešte predtým, než s ním Boh začal chodiť. Od okamihu, keď s ním Boh začal chodiť, zintenzívnilo sa to. Ako je zaznamenané v Prís 8, 17: *„Ja svojich milovníkov milujem, nachádzajú ma tí, čo ma včas a pilne hľadajú."* Henoch miloval Boha a veľmi mu chýbal a Boh s ním chodil.

Čím viac Boha milujeme, tým čistejšie srdce budeme mať, a čím čistejšie srdce máme, tým viac budeme milovať Boha a hľadať

Ho. Je príjemné hovoriť a komunikovať s tými, ktorí majú čisté srdce. Jednoducho všetko prijímajú a veria v ostatných ľudí.

Kto by sa cítil zle a bol by zamračený pri pohľade na veselé úsmevy malých detí? Väčšina ľudí sa cíti dobre a tiež sa usmeje, keď vidí dieťa. Je to preto, lebo čistota detí prechádza na ľudí a osviežuje aj ich srdce.

Boh Otec sa cíti rovnako, keď vidí človeka s čistým srdcom. On chce vidieť viac takýchto ľudí a bude chcieť s nimi zostať.

12. Ametyst: Krása a nežnosť

Dvanásty, a zároveň posledný, základný kameň hradieb Nového Jeruzalema je ametyst. Ametyst má svetlofialovú farbu a je transparentný. Kvôli elegantnej a krásnej farbe bol už v minulosti šľachtou milovaný.

Aj duchovné srdce symbolizované ametystom Boh považuje za veľmi krásne. Duchovné srdce, ktoré symbolizuje ametyst, je nežnosť. Táto nežnosť sa nachádza v kapitole o duchovnej láske, v blahoslavenstvách, a dokonca aj v deviatich ovociach Ducha Svätého. To je ovocie, ktoré sa určite narodí v človeku, ktorý dáva vzniknúť duchu skrze Ducha a žije podľa Božieho Slova.

Nežné srdce uznané Bohom za krásne

Slovník definuje nežnosť ako vlastnosti láskavosti, miernosti a pokory; [a] byť schopný rozdávať pokoj. Ale nežnosť, ktorú Boh považuje za krásnu, nie sú iba tieto vlastnosti.

Tí, ktorí majú v sebe nežnosť, cítia sa trochu nesvoji pri ľuďoch, ktorí nie sú nežní. Keď vidia niekoho, kto je veľmi spoločenský alebo silná osobnosť, stávajú sa opatrnejší, a dokonca, je pre nich ťažké komunikovať s takouto osobou. Ale človek, ktorý je duchovne nežný, môže prijať akéhokoľvek človeka s akýmkoľvek charakterom. To je jeden z rozdielov medzi telesnou nežnosťou a duchovnou nežnosťou.

Čo je teda duchovná nežnosť a prečo ju Boh považuje za krásnu?

Byť duchovne nežný je mať mierny a priateľský charakter spolu s tolerantým srdcom na prijatie každého. Je to niekto, kto má srdce, ktoré je mäkké a príjemné ako bavlna, takže v ňom mnohí ľudia nájdu odpočinok. Samozrejme, že je to niekto, kto všetko chápe v dobrote a všetko akceptuje v láske.

Existuje jedna vec, ktorá nemôže chýbať v duchovnej nežnosti. Je to cnostný charakter v súvislosti s tolerantným srdcom. Ak máme veľmi priateľské a nežné srdce iba v nás, nič to v skutočnosti neznamená. Z času na času, keď je to nutné, mali by sme byť schopní podporovať ostatných a radiť im, preukazovať skutky dobroty a lásky. Ukázať cnostný charakter je posilniť ostatných, aby sa cítili príjemne a našli odpočinok v našom srdci.

Duchovne nežný človek

Tí, ktorí majú pravú, duchovnú nežnosť, nemajú voči nikomu predsudky. A preto nemajú žiadne problémy a s nikým sa nehnevajú. Ostatní ľudia budú tiež cítiť toto vrelé srdce, a tak budú môcť oddychovať a nájsť pokoj mysle, cítiac, že ich prijal veľmi srdečne. Táto duchovná nežnosť je ako veľký strom, ktorý poskytuje veľký a chladný tieň v horúci letný deň.

Ak manžel s tolerantným srdcom akceptuje všetkých členov rodiny, manželka ho bude rešpektovať a milovať. Ak aj manželka má srdce, ktoré je jemné ako bavlna, dokáže manželovi poskytnúť pohodlie a pokoj, a tak môžu byť veľmi šťastným párom. Aj deti, ktoré sú vychovávané v takej rodine, neodbočia z cesty, aj keď budú čeliť problémom. Vzhľadom k tomu, že sa môžu posilniť pokojom v rodine, môžu prekonať ťažkosti a správne rásť a byť zdravé.

Prostredníctvom ľudí, ktorí si vypestovali duchovnú nežnosť, ostatní tiež nájdu pokoj a pocit šťastia. Potom aj Boh Otec povie, že tí, ktorí sú duchovne nežní, sú naozaj krásni.

Na tomto svete ľudia využivajú rôzne spôsoby, aby získali srdcia druhých. Môžu ich zahŕňať materiálnymi vecami, či využiť svoje sociálne postavenie a moc. Ale s týmito telesnými spôsobmi nemôžeme skutočne získať srdcia ľudí. Môžu nám pomôcť iba v danej chvíli kvôli ich potrebám, ale pretože v skutočnosti nevychádzajú zo srdca, zmenia svoj názor, keď sa ich situácia zmení.

Ale ľudia sa prirodzene zhromažďujú okolo osoby, ktorá má duchovnú nežnosť. Vyviera to z ich srdca a túžia s ňou zostať. Je to preto, lebo prostredníctvom osoby, ktorá má duchovnú nežnosť, môžu byť posilnení a cítiť pokoj, ktorý necítili vo svete. A tak veľa ľudí zostáva s človekom s duchovnou nežnosťou a to sa stáva duchovnou autoritou.

Mt 5, 5 hovorí o tomto požehnaní získať veľa duší, že oni budú dedičmi zeme. To znamená, že získajú srdcia ľudí, ktorí sú zo zeme. V dôsledku toho tiež dostanú veľké územie vo večnom nebeskom kráľovstve. Vzhľadom k tomu, že prijali a viedli mnoho duší k pravde, dostanú veľkú odmenu.

To je dôvod, prečo v Nm 12, 3 Boh o Mojžišovi povedal: *„Kým Mojžiš bol veľmi tichý muž, (tichší) ako všetci ostatní ľudia na svete. "* Mojžiš viedol Exodus. Viedol viac ako 2 milióny ľudí a viedol ich po dobu 40 rokov. Rovnako ako rodičia vychovávajú deti, aj on ich v srdci prijal a viedol ich podľa Božej vôle.

Aj keď sa deti dopustia ťažkých hriechov, rodičia ich len tak neopustia. Rovnakým spôsobom sa aj Mojžiš staral o tých ľudí, ktorým nebolo pomoci, ale podľa zákona boli opustení, a viedol ich až do konca, prosiac Boha, aby im odpustil.

Ak máte čo i len malú povinnosť v cirkvi, pochopíte, aká dobrá je nežnosť. Nielen v povinnostiach starať sa o duše, ale v akejkoľvek povinnosti nebudete mať žiadne problémy, ak ju vykonáte s nežnosťou. Neexistujú dvaja ľudia s rovnakým srdcom a rovnakými myšlienkami. Každý človek bol vychovaný za rôznych okolností a má iné vlastnosti. Ich myšlienky a názory sa nemusia zhodovať.

Ale ten, kto je nežný, môže prijať ostatných ľudí s tolerantným srdcom. Nežnosť rozdať seba samého a prijať ostatných, krásne vyniká v situácii, keď každý trvá na tom, že má pravdu.

Dozvedeli sme sa o všetkých duchovných srdciach symbolizovaných každým z dvanástich základných kameňov hradieb Nového Jeruzalema. Je to srdce viery, úprimnosti, obetavosti, spravodlivosti, vernosti, vášne, milosrdenstva, trpezlivosti, dobroty, sebaovládania, čistoty a nežnosti. Keď zjednotíme všetky tieto vlastnosti, dostaneme srdce Ježiša Krista a Boha Otca. Jedným slovom je to „dokonalá láska."

Tí, ktorí túto dokonalú lásku zdokonalili dobrou a vyváženou kombináciu každej vlastnosti dvanástich drahokamov, vstúpia do Nového Jeruzalema. Aj ich domy v Novom Jeruzaleme budú ozdobené dvanástimi rôznymi drahokamami.

Preto je Nový Jeruzalem vo vnútri taký krásny, že sa to nedá ani opísať. Domy, budovy a všetko vybavenie, ako sú parky, sú ozdobené tým najkrajším spôsobom.

Ale to, čo Boh považuje za najkrajšie, sú ľudia, ktorí do mesta vstúpia. Budú žiariť úžasnejším svetlom ako jas všetkých dvanástich drahokamov. Z hĺbky srdca budú tiež vydávať silnú vôňu lásky k Otcovi. A to poskytne Bohu Otcovi útechu za všetko, čo dovtedy urobil.

Kapitola 6 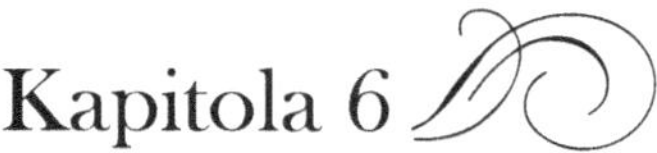

Dvanásť perlových brán a námestie zo zlata

„ Dvanásť brán je dvanásť perál;
každá brána bola z jednej perly.
A námestie mesta bolo z rýdzeho
zlata, takého ako priezračné sklo. "

- Zjv 21, 21 -

Nový Jeruzalem má dvanásť brán, tri brány na každej strane hradieb – sever, juh, východ a západ. Obrovský anjel stráži každú bránu a na prvý pohľad vidieť veľkoleposť a autoritu Nového Jeruzalema. Každá brána má tvar oblúka a je taká veľká, že sa musíme poriadne zakloniť, aby sme dovideli na jej vrchol. Každá brána je stvorená z jednej gigantickej perly. Otvára sa na obe strany a kľučku má zo zlata a iných drahých kameňov. Brána sa otvára automaticky bez toho, aby ju niekto musel rukou otvoriť.

Boh stvoril dvanásť brán z krásnych perál a námestie z rýdzeho zlata pre Jeho milované deti. O koľko krajšia a úžasnejšia bude architektúra mesta?

Predtým než sa ponoríme do budov a častí v Novom Jeruzaleme, najprv zvážme dôvody, prečo Boh stvoril brány Nového Jeruzalema z perál, a aké ďalšie cesty, okrem zlatého námestia, tam nájdeme.

1. Dvanásť perlových brán

Zjv 21, 21 hovorí: „*Dvanásť brán je dvanásť perál; každá brána bola z jednej perly. A námestie mesta bolo z rýdzeho zlata, takého ako priezračné sklo.*" Prečo je teda dvanásť brán iba z perál, aj napriek tomu, že v Novom Jeruzaleme je mnoho iných drahých kameňov? Niektorí môžu tvrdiť, že by bolo lepšie ozdobiť každú bránu rôznymi drahokamami, pretože je tam dvanásť brán, ale Boh ozdobil všetkých dvanásť brán iba perlou.

Je to kvôli Božej prozreteľnosti a duchovnému významu

obsiahnutému v tomto dizajne. Na rozdiel od iných drahokamov, perla má trochu inú hodnotu, a pretože je vyrobená bolestným procesom, je považovaná za cennejšiu.

Prečo je dvanásť brán z perál?

Ako vzniká perla? Perla je jedným z dvoch organických drahokamov mora, druhým je koral. Je milovaná mnohými ľuďmi, pretože sa krásne leskne aj bez leštenia.

Perla vzniká na vnútornej strane schránky perlorodky. Je to kus abnormálne lesklého výlučku, ktorý sa skladá hlavne z uhličitanu vápenatého a má tvar pologule alebo gule. Keď sa do mäkkej časti perlorodky dostane cudzia látka, perlorodka trpí veľkou bolesťou, ako keby ju bodala ihla. Perlorodka potom bojuje s cudzou látkou, čo jej spôsobuje obrovskú bolesť. Perla vzniká pri vylučovaní perlete, ktorá znovu a znovu obaľuje túto cudziu látku.

Existujú dva druhy perál: prírodné perly a kultivované perly. Ľudia zistili podstatu vzniku perly. Vypestujú veľké množstvo perlorodiek a potom do nich vkladajú umelé látky, aby mohli produkovať perly. Tieto perly na prvý pohľad vyzerajú prirodzene, ale sú relatívne lacnejšie, pretože sú obalené tenšou vrstvou perlete.

Rovnako ako perlorodka vyrobí krásnu perlu znášaním veľkej bolesti bojom proti cudzej látke, je tu proces vytrvalosti pre Božie deti snažiť sa získať späť stratený Boží obraz. Po prekonaní útrap a bolestí na tejto zemi majú potom vieru ako rýdze zlato, s ktorou vstúpia do Nového Jeruzalema.

Ak chceme vyhrať víťazstvo v boji o vieru a prejsť bránami Nového Jeruzalema, všetci si musíme v srdciach vytvoriť perlu. Rovnako ako perlorodka prechádza bolesťou pri produkcii perlete, aby vytvorila perlu, Božie deti musia vydržať bolesť, až kým nie je Boží obraz obnovený v plnom rozsahu.

Keď prišiel na tento svet hriech a ľudia sa v dôsledku hriechov stali špinavšími a špinavšími, stratili Boží obraz. V srdci ľudí bolo zasadené zlo a lož, a ich srdce sa stalo nečisté a vydáva odporný zápach. Boh Otec preukázal svoju veľkú lásku aj ľuďom, ktorí žijú s hriešnym srdcom v hriešnom svete.

Každý, kto verí v Ježiša Krista, bude od hriechov očistený skrze Ježišovu krv. Ale pravé deti, aké chce Boh Otec, sú úplne dospelé a vyzreté. Chce také deti, ktoré sa znova neušpinia po tom, čo sa umyli. Duchovne to znamená, že už viac nepáchajú hriechy, ale Boha Otca potešujú dokonalou vierou.

Aby sme mali tento druh dokonalej viery, najprv musíme mať pravé srdce. Môžeme mať pravé srdce, keď sme sa zbavili všetkých hriechov a zla zo svojho srdca a namiesto toho ho naplnili dobrotou a láskou. Čím viac dobroty a lásky máme, tým viac v sebe obnovíme Boží obraz.

Boh Otec vylepšuje skúšky pre Jeho deti, aby si v srdciach vypestovali dobrotu a lásku. Pomocou rôznych udalostí im pomáha nájsť s srdciach hriechy a zlo. Keď si uvedomíme svoje hriechy a zlo, v srdci budeme cítiť bolesť. Je to, ako keď sa cudzia látka dostane do perlorodky a preniká do mäkkého tkaniva. Ale musíme si uvedomiť, že pri skúškach pociťujeme bolesť kvôli hriechom a zlu v našom srdci.

Ak si naozaj uvedomíme túto skutočnosť, môžeme si v srdci vytvoriť duchovné perly. Budeme sa horlivo modliť za odhodenie hriechov a zla, ktoré sme v sebe objavili. Potom na nás zostúpi Božia milosť a sila. Duch Svätý nám tiež príde na pomoc. V dôsledku toho budú hriechy a zlo, ktoré sme v nás našli, odstránené a budeme mať duchovné srdce.

Z hľadiska procesu vzniku sú perly veľmi vzácne. Rovnako ako perlorodky trpia bolesťou pri ich vytváraní, aj my musíme prekonávať a znášať veľkú bolesť, ak chceme vstúpiť do Nového Jeruzalema. Cez tieto brány môžeme vstúpiť iba vtedy, keď zvíťazíme v boji viery. Tieto brány symbolizujú práve túto skutočnosť.

Hebr 12, 4 nám hovorí: *„V boji proti hriechu ste ešte neodporovali až do krvi."* A druhá polovica Zjv 2, 10 nás tiež nabáda: *„Buď verný až do smrti a dám ti veniec života."*

Ako hovorí Biblia, do Nového Jeruzalema – najkrajšieho miesta v nebi – môžeme vstúpiť, len ak sme odolali hriechu, odhodili všetky druhy zla, sme verní až na smrť a splnili sme všetky povinnosti.

Prekonávanie skúšok viery

Aby sme mohli prejsť dvanástimi bránami Nového Jeruzalema, musíme mať vieru ako rýdze zlato. Tento druh viery nie je darovaný len tak; odmenení sme ním len vtedy, ak prekonáme skúšky viery, rovnako ako perlorodka znáša veľkú bolesť, kým nevytvorí perlu. Ale nie je jednoduché vytrvať vo viere, pretože nepriateľ diabol a Satan sa za každú cenu snaží zabrániť tomu, aby sme mali vieru. Navyše, až keď stojíme na skale viery, zistíme, že cesta do neba je tvrdá a bolestivá, pretože kým v srdciach máme nepravdu, musíme čeliť intenzívnemu boju proti nepriateľovi diablovi.

Ale môžeme zvíťaziť, pretože Boh nám dáva Jeho milosť a silu a Duch Svätý nám pomáha a vedie nás. Ak po vykonaní týchto krokov stojíme na skale viery, budeme schopní prekonať všetky druhy skúšok a namiesto utrpenia radovať sa.

Budhistickí mnísi bičujú svoje telo a „podmaňujú" si ho pomocou meditácií na zbavenie sa všetkých svetských myšlienok. Niektorí z nich po celé desaťročia praktikujú askézu, a keď zomrú, v ich pozostatkoch sa nájde perlovitý objekt. Toto je výsledkom mnohých rokov vytrvalosti a sebaovládania, rovnakým spôsobom ako sú perly vytvorené perlorodkami.

Koľko bolesti by sme museli znášať, keby sme sa snažili zbaviť sa pozemského potešenia a ovládať túžby tela vlastnou silou? Ale Božie deti sa môžu s Božou milosťou a silou uprostred diel Ducha Svätého rýchlo zbaviť pozemského potešenia. S Božou pomocou tiež môžeme prekonať akékoľvek utrpenie a môžeme bežať duchovný beh, pretože je pre nás pripravené nebo.

Preto Božie deti, ktoré majú vieru, nemusia znášať skúšky v bolestiach, ale prekonajú ich s radosťou a vďakou, očakávajúc požehnanie, ktoré čoskoro dostanú.

Dvanásť perlových brán sú odmenou pre víťaza vo viere

Dvanásť perlových brán slúži ako víťazné oblúky pre víťaza vo viere, presne tak, ako aj velitelia po úspešných bojoch pri návrate domov pochodovali popod pamätník uctievajúci ich čin.

V dávnych dobách ľudia postavili rôzne pamätníky a budovy na privítanie a uctenie vojakov a ich veliteľov pri triumfiálnom návrate domov a každú stavbu pomenovali menami hrdinských mužov. Víťaznému generálovi bola preukázaná česť prechodom popod víťazný oblúk alebo bránu na koči od kráľa a privítal ho veľký dav.

Keď došli do slávnostnej siene sprevádzaní víťazným spevom, privítali ich ministri, ktorí sedeli vedľa kráľa a kráľovnej. Veliteľ potom zišiel z koča a uklonil sa pred kráľom. Kráľ mu potom naznačil, aby vstal a pochválil ho za vynikajúcu službu. Potom jedli, pili a delili sa o radosť z víťazstva. Za odmenu mohol veliteľ dostať moc, bohatstvo a pocty porovnateľné s kráľovskými.

Ak je moc veliteľa a armády takáto veľká, o koľko väčšia bude moc tých, ktorí prejdú dvanástimi bránami Nového Jeruzalema? Budú milovaní a utešení Bohom Otcom a naveky budú prebývať v sláve, ktorú nemožno porovnávať so slávou veliteľa alebo vojakov, ktorí prechádzali popod akýkoľvek víťazný oblúk. Keď prejdú dvanástimi bránami postavenými iba z perál, bude im pripomenutá ich cesta viery, počas ktorej bojovali a snažili sa zo všetkých síl. Z vďačnosti budú z hĺbky sŕdc roniť slzy.

Vznešenosť dvanástich perlových brán

V nebi ľudia nikdy nič nezabudnú ani po dlhej dobe, pretože nebo je súčasťou duchovného sveta. Minulosť si budú uchovávať.

To je dôvod, prečo sú ľudia, ktorí vstúpia do Nového Jeruzalema, ohromení, kedykoľvek sa pozrú na dvanásť perlových brán, mysliac si: „Premohol som mnoho skúšok a nakoniec som prišiel do Nového Jeruzalema!" Radujú sa pamätajúc na skutočnosť, že bojovali a nakoniec zvíťazili nad nepriateľom diablom a svetom a zo sŕdc odhodili všetku nepravdu. Znova vzdajú vďaku Bohu Otcovi, pamätajúc na Jeho lásku, ktorá ich viedla k víťazstvu nad svetom. Taktiež ďakujú ľuďom, ktorí im pomohli dosiahnuť toto miesto.

Na tomto svete sa s postupom času miera vďačnosti niekedy zmenší alebo úplne vytratí, ale keďže v nebi neexistuje neúprimnosť, vďačnosť ľudí, radosť a láska stále viac a viac rastie. Preto vždy, keď sa obyvatelia Nového Jeruzalema pozrú na perlové brány, budú vďační Bohu za Jeho lásku a tým ľuďom, ktorí im pomohli tam vstúpiť.

2. Námestie z rýdzeho zlata

Pri prechode týmito oblúkovými perlovými bránami ľudia spomínajú na život na zemi a nakoniec vstúpia do Nového Jeruzalema. Mesto je plné svetla Božej slávy, vzdialeného a pokojného zvuku anjelských chvál a jemnej vône kvetín. S každým krok smerom k mestu cítia nevýslovné šťastie a radosť.

Už som opísal hradby ozdobené dvanástimi drahokamami a krásne perlové brány. Ale z čoho sú vyrobené cesty v Novom Jeruzaleme? Ako nám hovorí Zjv 21, 21: „*A námestie mesta bolo z rýdzeho zlata, takého ako priezračné sklo.*" Pre Jeho deti, ktoré do mesta vstúpia, Boh urobil cesty Nového Jeruzalema z rýdzeho zlata.

Ježiš Kristus je cesta

Na tomto svete existuje mnoho druhov ciest, od tajných chodníkoch po železnice, od úzkych uličiek po diaľnice. V závislosti na destinácii a potrebe, ľudia chodia rôznymi cestami.

Do neba však vedie len jedna cesta: Ježiš Kristus.

> *„Ja som cesta, pravda a život. Nik nepríde k Otcovi,*
> *iba cezo mňa"* (Jn 14, 6).

Ježiš, jediný Boží Syn, otvoril cestu k spáse tým, že bol ukrižovaný v mene všetkých ľudí, ktorí by kvôli hriechom zomreli naveky, a tretí deň vstal z mŕtvych. Keď veríme v Ježiša Krista, máme kvalifikáciu získať večný život. Preto Ježiš Kristus je jedinou cestou do neba, k spaseniu a k večnému životu. Navyše, prijať Ježiša Krista a pripodobniť sa Jeho povahe, je cesta k večnému životu.

Zlaté cesty

Po obidvoch stranách rieky vody života sú cesty, vďaka ktorým v nekonečnom nebi každý ľahko nájde Boží trón. Rieka vody života vyteká od Božieho a Baránkovho trónu, preteká Novým Jeruzalemom a všetkými príbytkami v nebi, a vracia sa späť k Božiemu trónu.

> *Potom mi ukázal rieku vody života, čistú ako krištáľ,*
> *vytekajúcu od Božieho a Baránkovho trónu. Uprostred*
> *jeho námestia, z oboch strán rieky, je strom života*
> *ktorý prináša dvanásť ráz ovocie: každý mesiac dáva*
> *svoje ovocie a lístie stromu je na uzdravenie národov*
> (Zjv 22, 1-20).

„Voda" duchovne symbolizuje Božie Slovo, a pretože sme skrze

Jeho Slovo získali život a skrze Ježiša Krista ideme cestou večného života, voda života vyteká od Božieho a Baránkovho trónu.

Navyše, keďže rieka vody života obklopuje nebo, Nový Jeruzalem môžeme dosiahnuť jednoduchým nasledovaním zlatej cesty po oboch stranách rieky.

Význam zlatých ciest

Zlaté cesty nie sú len v Novom Jeruzaleme, ale vo všetkých častiach neba. Avšak, rovnako ako jas, materiály a krása sa líšia medzi jednotlivými nebeskými príbytkami, aj jas zlatých ciest je v každej časti iný.

Rýdze zlato v nebi je pevné na rozdiel od mäkkého zlata na tomto svete. Ale pri kráčaní po týchto zlatých cestách je veľmi mäkké. Navyše, keďže v nebi nie je žiadny prach ani špina, a pretože sa tam nikdy nič neopotrebúva, zlaté cesty nie sú nikdy poškodené. Po oboch stranách cesty kvitnú krásne kvety, ktoré zdravia prechádzajúce sa Božie deti.

Aký je teda význam a dôvod ciest z rýdzeho zlata? Majú nám pripomenúť, že čím sú naše srdcia čistejšie, tým lepšie miesto v nebi získame. A keďže do Nového Jeruzalema vstúpime len vtedy, keď napredujeme s vierou a nádejou, Boh urobil cesty z rýdzeho zlata, čo predstavuje duchovnú vieru a vrúcnu nádej zrodenú z tejto viery.

Kvetinové cesty

Rovnako ako je rozdiel pri kráčaní po čerstvo pokosenej tráve, po skalách, vydláždených cestách, a tak ďalej, je rozdiel aj medzi kráčaním po zlatých cestách a po kvetinových cestách. V nebi sú aj iné cesty, ako napríklad, z drahých kameňov, a je rozdiel v miere šťastia pri chôdzi po nich. Tiež poznáme rozdiel v pohodlí medzi rôznymi dopravnými prostriedkami, ako sú lietadlá, vlaky alebo autobusy, a je to rovnaké aj v nebi. Chôdza po cestách je úplne odlišný zážitok ako byť automaticky Božou mocou niekam prenesený.

Kvetinové cesty v nebi nemajú po okrajoch kvety, pretože samotné cesty sú z kvetín, a tak ľudia môžu po kvetoch chodiť. Chôdza po nich je príjemná a mäkká ako chôdza bosými nohami po mäkkom koberci. Kvety nie sú poškodené ani neuschnú, pretože naše telá budú duchovné telá, ktoré sú veľmi ľahké, a preto kvety nepošliapu.

Navyše, nebeské kvety sa radujú a vydávajú vôňu, keď po nich kráčajú Božie deti. Keď kráčate po cestách z kvetín, do tela sú vstrebávané vône a vaše srdcia sú naplnené blaženosťou, sviežosťou a šťastím.

Cesty z drahých kameňov

Cesty sú vyrobené z drahých kameňov rôznych žiarivých farieb a plných krásneho lesku, a čo je zaujímavejšie, je to, že sa ligocú ešte viac, ak po nich kráčajú duchovné telá. Dokonca aj drahokamy vydávajú vône a šťastie a radosť, ktoré budete pociťovať, sú nad ľudské chápanie. Pri chôdzi po cestách z drahých kameňov môžeme tiež cítiť trochu vzrušenia, pretože je to ako chôdza po vode. To ale neznamená, že by sme sa cítili, ako keby sme sa ponárali do vody alebo topili, je to iba vzrušenie s trochou napätia pri každom kroku.

Avšak, cesty z drahých kameňov môžeme v nebi nájsť len na niektorých miestach. Inými slovami, sú odmenami vo vnútri a v okolí domoch tých ľudí, ktorí sa podobajú srdcu Pána a boli veľkým prínosom pri plnení Božej prozreteľnosti v kultivácii človeka. Je to, ako keď je v kráľovskom zámku alebo v paláci aj úzka cestička elegantne ozdobená najkvalitnejšími materiálmi.

V nebi ľudia nie sú z ničoho unavení alebo znudení, ale naveky všetko milujú, pretože je to duchovný svet. Taktiež cítia väčšiu radosť a šťastie, pretože aj takýto malý objekt má duchovný význam a podľa toho rastie láska a obdiv ľudí.

Aký krásny a úžasný je Nový Jeruzalem! Boh ho pripravil pre Jeho milované deti. Dokonca aj ľudia v raji, v prvom, druhom a treťom nebeskom kráľovstve sa veľmi radujú a sú vďační, keď prejdú perlovými bránami pri pozvaní do Nového Jeruzalema.

Dokážete si predstaviť, o koľko vďačnejšie a radostnejšie budú Božie deti, vediac, že do Nového Jeruzalema vstúpili ako výsledok toho, že verne nasledovali Pána – pravú cestu?

Tri kľúče potrebné na vstup do Nového Jeruzalema

Nový Jeruzalem má štvorcový tvar so šírkou, dĺžkou a výškou 2 400 km. Mestské hradby majú dvanásť brán a dvanásť základných kameňov. Mestské hradby, dvanásť brán a dvanásť základných kameňov majú duchovný význam. Ak chápeme tieto významy a v srdciach ich dosiahneme, duchovne sme kvalifikovaní na vstup do Nového Jeruzalema. V tomto zmysle sú tieto duchovné významy kľúčom k vstupu do Nového Jeruzalema.

Prvý kľúč k vstupu do Nového Jeruzalema sa skrýva v mestských hradbách. Ako je zaznamenané v Zjv 21, 18: *„Jeho hradby boli postavené z jaspisu a mesto samo bolo z rýdzeho zlata podobného čistému sklu. "* mestské hradby sú z jaspisu, ktorý duchovne symbolizuje vieru páčiť sa Bohu.

Viera je najzákladnejšou a najdôležitejšou vecou v kresťanskom živote. Bez viery nemôžeme byť spasení a nemôžeme sa páčiť Bohu. Na vstup do Nového Jeruzalema musíme mať vieru páčiť sa Bohu – piatu úroveň viery – čo je najvyššou úrovňou viery. Preto prvým kľúčom je piata úroveň viery – viera páčiť sa Bohu.

Druhý kľúč je ukrytý v dvanástich základných kameňoch. Podstatou duchovných sŕdc symbolizovaných dvanástimi základnými kameňmi je dokonalá láska a táto dokonalá láska je druhým kľúčom k vstupu do Nového Jeruzalema.

Dvanásť základných kameňov je vyrobených z dvanástich rôznych drahokamov. Každý drahokam na týchto dvanástich základných kameňoch symbolizuje určitý druh duchovného srdca. Je to srdce viery, bezúhonnosti, obetavosti, spravodlivosti, vernosti, vášne, milosrdenstva, trpezlivosti, dobroty, sebaovládania, čistoty a nežnosti. Keď spojíme všetky tieto vlastnosti, dostaneme srdce Ježiša Krista a Boha Otca, ktorý Je láska. A teda druhým kľúčom k vstupu do Nového Jeruzalema je dokonalá láska.

Tretím kľúčom ukrytým v Novom Jeruzaleme je dvanásť perlových brán. Boh chce, aby sme si prostredníctvom perly uvedomili spôsob, ako môžeme vstúpiť do Nového Jeruzalema. Perla vzniká iným spôsobom ako ostatné drahokamy. Zlato, striebro a vzácne drahé kamene, ktoré tvoria dvanásť základných kameňov, všetky pochádzajú zo zeme. Ale perla vzniká zo živého stvorenia.

Väčšina perál vzniká v perlorodkách. Perlorodky vytvárajú perly s veľkou bolesťou a na základe tajomstva perlete. Rovnakým spôsobom aj Božie deti musia vydržať bolesť, až kým úplne neobnovia Boží obraz.

Boh Otec chce získať tie deti, ktoré sa znova neušpinia po tom, čo sa umyli krvou Ježiša Krista, ale dokonalou vierou potešujú Boha Otca. Mať túto dokonalú vieru si vyžaduje pravé srdce. Pravé srdce môžeme mať vtedy, keď sme zo srdca odstránili všetky hriechy a zlo a naplnili ho dobrotou a láskou.

To je dôvod, prečo Boh na nás dopúšťa skúšky viery, až kým nebudeme mať pravé srdce a dokonalú vieru. Prostredníctvom rôznych situácií nám pomáha uvedomiť si hriechy a zlo v našich srdciach. Keď si uvedomíme svoje hriechy a zlo, budeme v srdci cítiť bolesť. Je to, ako keď sa do perlorodky dostane cudzia látka a preniká do mäkkého tkaniva. Tak ako perlorodka vrstvu po vrstve obaľuje nežiadúcu látku perleťou postupným pridávaním na hrúbke, keď prechádzame skúškami s vierou, perleť nášho srdca sa stáva silnejšou. Tak ako perlorodka vytvára perlu, aj my veriaci musíme vytvoriť duchovnú perlu, aby sme mohli vstúpiť do Nového Jeruzalema. To je tretí kľúč potrebný na vstup do Nového Jeruzalema.

Prajem vám, aby ste pochopili duchovný význam ukrytý v hradbách Nového Jeruzalema, v dvanástich bránach a v dvanástich základných kameňoch, a aby ste boli duchovne kvalifikovaní vlastniť tri kľúče na vstup do Nového Jeruzalema.

Kapitola 7

Okúzľujúci vzhľad

1. Nepotrebuje ani slnko, ani mesiac

2. Nadšenie v Novom Jeruzaleme

3. Navždy prebývať s Pánom, naším Ženíchom

4. Sláva obyvateľov Nového Jeruzalema

*„Ale chrám som v ňom nevidel, lebo
jeho chrámom je Pán, všemohúci Boh, a
Baránok. A mesto nepotrebuje ani slnko ani
mesiac, aby mu svietili, lebo ho ožiaruje
Božia sláva a jeho lampou je Baránok. V
jeho svetle budú kráčať národy a králi zeme
doň prinesú svoju slávu.Jeho brány sa cez
deň nezavrú a noci tam nebude. A budú doň
prinášať slávu a bohatstvo národov. Ale nič
poškvrnené, nik, kto sa dopúšťa ohavnosti
a lži, doň nevojde, iba tí, čo sú zapísaní v
Baránkovej knihe života. "*

- Zjv 21, 22-27 -

Apoštol Ján, ktorému Duch Svätý ukázal Nový Jeruzalem, podrobne zaznamenal vzhľad mesta pri pohľade z vysokého vrchu. Ján dlho túžil vidieť interiér Nového Jeruzalema, a keď ho konečne videl, bolo to také krásne, že ho to uvrhlo do extázy.

Ak budeme kvalifikovaní na vstup do Nového Jeruzalema a stáť pred bránou, uvidíme, ako sa otvorí oblúková perlová brána, ktorá je príliš veľká na to, aby sme dovideli na jej vrchol.

V tej chvíli nás ožiaria neopísateľne krásne svetlá Nového Jeruzalema a obklopia naše telá. Ihneď zacítime veľkú Božiu lásku a nebudeme schopní zastaviť slzy.

Cítiac pretekajúcu lásku Boha Otca, ktorý nás ochránil svojimi planúcimi očami, milosť Pána, ktorý nám odpustil svojou krvou na kríži a lásku Ducha Svätého, ktorý prebýva v našich srdciach a viedol nás k životu v pravde, vzdávame nekonečnú slávu a česť.

Teraz preskúmame detaily Nového Jeruzalema podľa videní apoštola Jána.

1. Nepotrebuje ani slnko, ani mesiac

Apoštol Ján pri pohľade na scenériu vnútra Nového Jeruzalema, ktorý bol plný Božej slávy, takto vyznal:

A mesto nepotrebuje ani slnko, ani mesiac, aby mu svietili, lebo ho ožiaruje Božia sláva a jeho lampou je Baránok (Zjv 21, 23).

Nový Jeruzalem je plný Božej slávy, pretože tam prebýva sám Boh a vládne nad mestom, a je to summit duchovného sveta, kde Boh sám seba kvôli kultivácii človeka sformoval do Najsvätejšej Trojice.

Božia sláva ožiaruje Nový Jeruzalem

Boh dal slnko a mesiac tejto zemi, aby sme pomocou svetla a tmy vedeli rozoznať dobro a zlo, a odlíšiť ducha od tela, aby sme mohli žiť ako pravé Božie deti. On vie všetko o duchu a tele, a o dobre a zle, ale ľudské bytosti si nemôžu uvedomiť tieto rozdiely bez kultivácie človeka, pretože sú len stvoreniami.

Keď bol prvý človek Adam v raji Edenu pred začiatkom kultivácie človeka, nikdy sa nemohol dozvedieť o zle, smrti, tme, chudobe alebo chorobe. To je dôvod, prečo nemohol pochopiť pravý zmysel a šťastie života alebo byť vďačný Bohu, ktorý mu dal všetko a jeho život bol veľmi bohatý.

Aby tento Adam spoznal pravé šťastie, musel plakať, smútiť, trpieť bolesťou a chorobami a zažiť smrť – a to je proces kultivácie človeka. Podrobnosti nájdete v knihe *Posolstvo Kríža*.

Nakoniec sa Adam dopustil hriechu neposlušnosti tým, že jedol zo stromu poznania dobra a zla, bol vyhnaný na túto zem a zažil relativitu. Až potom si mohol uvedomiť, aký hojný, šťastný a krásny bol jeho život v raji Edenu a pravým srdcom vzdávať Bohu vďaky.

Aj jeho potomkovia skrze kultiváciu človeka, keď zažívali veľa druhov rôznych útrap, rozlišovali svetlo od tmy, ducha od tela a dobro od zla. Preto akonáhle získame spasenie a pôjdeme do neba, už viac nebude potrebné ani svetlo slnka, ani mesiaca, ktoré boli nevyhnutné pre kultiváciu človeka na tejto zemi.

Vzhľadom k tomu, že sám Boh prebýva v Novom Jeruzaleme, nie je tam žiadna tma. Navyše, svetlo Božej slávy svieti najviac v Novom Jeruzaleme, a teda celkom prirodzene, mesto nepotrebuje ani slnko, ani mesiac, ani žiadne lampy, alebo svetlá na jeho osvietenie.

Baránok, ktorý je lampou Nového Jeruzalema

Ján nemohol nájsť nič, čo by vydávalo také svetlo ako slnko, mesiac alebo akákoľvek žiarovka. Je to preto, lebo lampou v Novom Jeruzaleme sa stane Ježiš Kristus, ktorý je Baránok.

Odvtedy ako sa prvý človek Adam dopustil hriechu neposlušnosti, ľudia museli kráčať cestou smrti (Rím 6, 23). Boh lásky poslal Ježiša na túto zem, aby vyriešil tento problém hriechu. Ježiš, Syn Boží, ktorý prišiel na túto zem v ľudskom tele, očistil nás od hriechov preliatím svojej krvi, a pretože premohol moc smrti, stal sa prvým plodom vzkriesenia.

A preto všetci ľudia, ktorí prijali Ježiša za svojho osobného Spasiteľa, získajú život, môžu sa podieľať na vzkriesení, majú večný život v nebi a na tejto zemi dostanú odpovede na všetko, o čo prosia. Okrem toho, Božie deti sa môžu stať svetlom sveta životom v svetle a oslavovaním Boha skrze Ježiša Krista. Inými slovami, spôsobom, akým vydáva svetlo lampa, svetlo Božej slávy svieti jasnejšie prostredníctvom nášho Spasiteľa Ježiša.

2. Nadšenie v Novom Jeruzaleme

Keď sa z diaľky pozrieme na Nový Jeruzalem, cez oblaky slávy uvidíme krásne budovy z mnohých druhov drahých kameňov a zlata. V dôsledku zmesi mnohých druhov svetiel celé mesto pôsobí veľmi živo: sú tu svetlá vyžarujúce z domov z drahých kameňov, svetlo Božej slávy a jas hradieb z jaspisu a rýdzeho zlata v jasnej modrastej farbe.

Ako môžeme slovami vyjadriť emócie a vzrušenie zo vstupu do Nového Jeruzalema? Mesto je také krásne, veľkolepé a vzrušujúce, že si to nedokážeme predstaviť. V centre mesta je Boží trón, prameň rieky vody života. Okolo Božieho trónu sú domy Eliáša, Henocha, Abraháma, Mojžiša, Márie Magdalény a Panny Márie, z ktorých všetci boli Bohom veľmi milovaní.

Hrad Pána

Hrad Pána je umiestnený na pravej strane pod Božím trónom, kde Boh prebýva pri bohoslužbách alebo hostinách v Novom Jeruzaleme. Na hrade Pána je v strede obrovská budova so zlatou strechou a okolo nej sa nachádza nespočetné množstvo ďalších budov. Nad zlatými kopulovitými strechami je obzvlášť veľa krížov slávy, ktoré sú ožiarené úžasným svetlom. Pripomínajú nám, že len vďaka Ježišovmu krížu sme získali spásu a vstúpili do neba.

Veľká budova v centre má valcový tvar, ale pretože je ozdobená mnohými jemne opracovanými drahokamami, krásny jas vyžarujúci z každého drahokamu sa navzájom mieša do dúhových farieb. Ak by sme mali porovnať Pánov hrad s hocijakou budovou na tejto zemi, najviac sa podobá na katedrálu svätého Basila v Moskve v Rusku. Avšak, štýl, materiály a veľkosť sa nedajú porovnať ani s najkrajšou budovou, ktorá bola na tejto zemi navrhnutá alebo postavená.

Okrem tejto budovy v centre mesta je na Pánovom hrade mnoho ďalších budov. Boh Otec postavil tieto budovy preto, aby tí, ktorí majú blízky duchovný vzťah, mohli prebývať so svojimi blízkymi. Oproti hradu Pána sú domy dvanástich učeníkov. Vpredu je dom Petra, Jána a Jakuba a domy ostatných učeníkov sú za nimi. Je zvláštne, že miesta pre Máriu Magdalénu a Pannu Máriu sú na Pánovom hrade. Samozrejme, že tieto dve ženy prebývajú na týchto miestach len dočasne, keď sú Pánom pozvané. Ich skutočné hrady sa nachádzajú v blízkosti Božieho trónu.

Hrad Ducha Svätého

Vľavo dole pod Božím trónom je hrad Ducha Svätého. Tento obrovský hrad symbolizuje pokojné a jemné materinské vlastnosti Ducha Svätého. Okolo hradu je rad harmonických kopulovitých budov rôznych veľkostí.

Strecha najväčšej budovy v strede hradu je ako jeden veľký kus sardionu, ktorý symbolizuje vášeň. Okolo tejto budovy tečie rieka vody života, ktorá vychádza od Božieho trónu a Pánovho hradu.

Všetky hrady v Novom Jeruzaleme sú obrovské a veľkolepé, ale hrady Pána a Ducha Svätého sú obzvlášť veľké a krásne. Sú také veľké, že pripomínajú skôr mesto ako hrad a sú postavené veľmi zvláštnym štýlom. To je preto, že na rozdiel od ostatných domov, ktoré sú postavené anjelmi, tieto sú postavené samotným Bohom Otcom. Navyše, rovnako ako hrad Pána, aj domy ľudí, ktorí sa v ére Ducha Svätého zjednotili s Duchom Svätým a dosiahli Božie kráľovstvo, sú postavené krásne okolo hradu Ducha Svätého.

Veľká svätyňa

V okolí hradu Ducha Svätého je rozostavaných mnoho budov a je tam jedna obzvlášť nádherná a veľká budova. Má okrúhlu strechu a dvanásť vysokých stĺpov. A medzi týmito stĺpmi je dvanásť veľkých brán. Je to veľká svätyňa.

Ján v Zjv 21, 22 hovorí: *„Ale chrám som v ňom nevidel, lebo jeho chrámom je Pán, všemohúci Boh, a Baránok.“* Prečo Ján nevidel chrám? Ľudia si zvyčajne myslia, že Boh, tak ako aj my, potrebuje príbytok, napríklad, chrám. Na tejto zemi Ho preto uctievame vo svätyniach, kde sa káže Božie Slovo.

Ako je napísané v Jn 1, 1: *„Na počiatku bolo Slovo, to Slovo bolo u Boha, to Slovo bolo Boh“*, kde je Slovo, tam je Boh; to znamená, že svätyňa je tam, kde je kázané Slovo. V Novom Jeruzaleme prebýva sám Boh. Boh, ktorý je Slovo a Pán, ktorý je s Bohom jedno, prebývajú v Novom Jeruzaleme, takže žiadny chrám nie je potrebný. Skrze apoštola Jána nám Boh povedal, že nie je potrebný žiadny chrám, a že Boh a Pán sú chrámom v Novom Jeruzaleme.

Prečo sa dnes stavia veľká svätyňa, ktorá nebola prítomná v dobe apoštola Jána? V Sk 17, 24 nájdeme: *„Boh, ktorý stvoril svet a všetko, čo je v ňom, pretože je Pánom neba i zeme, nebýva v chrámoch zhotovených rukou,“* Boh neprebýva v konkrétnom chráme.

A aj keď je Boží trón v nebi, On chce postaviť aj veľkolepú svätyňu, ktorá symbolizuje Jeho slávu. Veľká svätyňa je pevným dôkazom Božej moci a slávy po celom svete.

Na zemi dnes existuje mnoho úžasných a veľkolepých stavieb. Ľudia investujú obrovské sumy peňazí do krásnych stavieb pre vlastnú slávu a podľa vlastného želania, ale nikto nerobí to isté pre Boha, ktorý je skutočne hodný oslávenia. Preto skrze deti, ktorí prijali Ducha Svätého a stali sa svätými, Boh chce postaviť krásnu, veľkolepú a veľkú svätyňu. Boh chce byť náležite oslávený ľuďmi všetkých národov (1 Krn 22, 6-16).

Keď je postavená krásna veľká svätyňa podľa vôle Boha, ľudia zo všetkých národov budú Boha oslavovať a na Jeho prijatie sa pripravia ako Pánove nevesty. To je dôvod, prečo Boh pripravil veľkú svätyňu ako centrum evanjelizácie, aby viedol nespočetné množstvo ľudí na cestu spásy a na konci vekov ich doviedol do Nového Jeruzalema. Ak si uvedomíme túto Božiu prozreteľnosť – postaviť veľkú svätyňu a oslavovať Boha – On nás odmení podľa našich skutkov a postaví rovnakú veľkú svätyňu v Novom Jeruzaleme.

Preto pri pohľade na veľkú svätyňu postavenú z drahokamov a zlata, ktoré nemôžu byť porovnávané so žiadnymi pozemskými materiálmi, ľudia, ktorí vstúpia do neba, budú neustále vďační za Božiu lásku, ktorá nás skrze kultiváciu človeka vedie na cestu slávy a požehnania.

Nebeské domy ozdobené drahokamami a zlatom

Okolo hradu Ducha Svätého sú domy ozdobené mnohými druhmi drahých kameňov, a je tam tiež veľa rozostavaných domov. Môžeme vidieť mnoho pracujúcich anjelov, ako ozdobujú domy krásnymi drahokamami alebo čistia domy. Boh každého odmeňuje podľa skutkov a postaví mu dom.

Boh mi raz ukázal domy dvoch verných služobníčok tejto cirkvi. Jedna z nich bola pre cirkev zdrojom veľkej sily modlitbou dňom i nocou za Božie kráľovstvo, jej dom je postavený s vôňou modlitby a vytrvalosti a už od vchodu je ozdobený žiarivými drahokamami.

A aby jej milá povaha bola uspokojená, v kúte záhrady je stôl, kde si môže pri čaji posedieť so svojimi blízkymi. Na trávnatej ploche je mnoho druhov drobných kvetov rôznych farieb. Toto je opis iba vchodu a záhrady jej domu. Dokážete si predstaviť, o koľko nádhernejší bude samotný dom?

Druhý dom, ktorý mi Boh ukázal, patrí služobníčke, ktorá sa na tejto zemi venuje literárnej evanjelizácii. Videl som jednu izbu z mnohých v jej dome. Vmiestnosti je stôl, stoličky a svietnik, z ktorých všetko je vyrobené zo zlata a je tam mnoho kníh. To je ocenenie a odmena za jej prácu vzdávať Bohu slávu skrze literárnu evanjelizáciu, a pretože Boh vie, že miluje knihy.

Boh pre nás nielen pripraví nebeské domy, ale tiež nám dá také krásne veci, že si to nedokážeme predstaviť. A to všetko preto, aby nás odmeniť za to, že sme sa vzdali pozemskej radosti na tejto zemi, aby sme sa plne venovali dosiahnutiu Božieho kráľovstva.

3. Navždy prebývať s Pánom, naším Ženíchom

V Novom Jeruzaleme sa koná mnoho hostín, vrátane tej, kde je hostiteľom Boh Otec. To je preto, aby tí, ktorí žijú v Novom Jeruzaleme mohli pozvať bratov a sestry žijúcich na iných miestach v nebi.

Akí šťastní by ste boli, keby ste mohli žiť v Novom Jeruzaleme a byť pozvaní Pánom zdieľať s Ním lásku a zúčastňovať sa týchto hostín!

Srdečné privítanie na Pánovom hrade

Keď sú ľudia v Novom Jeruzaleme pozvaní Pánom – ich ženíchom – ozdobia sa ako najkrajšie nevesty a s radostnými srdciami sa zhromaždia v hrade Pána. Keď tieto nevesty Pána prídu na Jeho hrad, dvaja anjeli – stojaci na každej strane žiarivej hlavnej brány – ich slušne privítajú. V tomto okamihu sa uvoľní vôňa stien ozdobených mnohými drahokamami a kvetmi a obklopí ich telá, čo len zvýši ich radosť.

Po vstupe cez hlavnú bránu sa tichúčko ozýva zvuk chvál, ktorý sa dotýka najhlbšej časti ducha. Potom pokoj, šťastie a vďačnosť za Božiu lásku naplní ich srdce, pretože vedia, že On ich tam doviedol.

Smerom k hlavnej budove sú po zlatej ceste, ktorá je priezračná ako sklo, sprevádzaní anjelmi a prechádzajú popri mnohých krásnych budovách a záhradách. Počas celej cesty sú ich srdcia plné nádeje na stretnutie s Pánom. Keď sa priblížia k hlavnej budove, uvidia ako sám Pána čaká na ich prijatie. Oči majú plné sĺz, ale bežia k Pánovi vo vrúcnej túžbe vidieť Ho čo i len o sekundu skôr. Pán ich čaká s otvorenou náručou a Jeho tvár je plná lásky a nežnosti a každého z nich objíma.

Pán im potom povie: „Poďte, moje krásne nevesty! Ste srdečne pozvané!" Tí, ktorí sú pozvaní, vyznajú lásku sediac na Jeho kolenách, slovami: „Z hĺbky srdca som vďačný za Tvoje pozvanie!" Potom sa prechádzajú držiac sa za ruky s Pánom ako zamilovaný pár a vedú krásny rozhovor, po ktorom túžili po celý čas na tejto zemi. Napravo od hlavnej budovy je veľké jazero a Pán podrobne vysvetľuje Jeho pocity a okolnosti počas Jeho služby na tejto zemi.

Pri jazere pripomínajúcom Galilejské more

Prečo im jazero pripomína Galilejské more? Boh stvoril toto jazero na pamiatku toho, že Pán začal službu práve pri Galilejskom mori (Mt 4, 23). Iz 8, 23 hovorí: „*Lebo nebude tma tam, kde je (teraz) súženie. V predošlom čase znevážil krajinu Zebuluna a krajinu Naftaliho, v poslednom však zvelebí pobrežie mora, Zajordánsko, Galileu pohanov.*" Bolo prorokované, že Pán začne službu pri Galilejskom mori a proroctvo sa splnilo.

V tomto veľkom jazere pláva mnoho rôznofarebných rýb. V Jn 21 sa vzkriesený Pán ukázal Petrovi, ktorý neulovil žiadnu rybu a povedal mu: „*Spustite sieť z pravej strany lode a nájdete*" (v 6), a keď Peter poslúchol, chytil stopäťdesiattri rýb. V jazere na hrade Pána je tiež stopäťdesiattri rýb, a to je tiež na pamiatku Pánovej služby. Keď tieto ryby vyskočia do vzduchu a robia roztomilé triky, ich farby sa menia, a to len zvyšuje radosť a potešenie z pozvania.

Pán kráča po jazere rovnako ako po mori kráčal na tejto zemi. Potom tí, ktorí sú pozvaní, budú s radosťou stáť okolo jazera a počúvať Pána. Pán podrobne vysvetlí situáciu, keď po mori kráčal na tejto zemi. Potom Peter, ktorý na tejto zemi na chvíľu kráčal po vode, pretože poslúchol Pánovo Slovo, bude ľutovať, že sa kvôli malej viere začal topiť (Mt 14, 28-32).

Múzeum na uctenie Pánovej služby

Pri návšteve rôznych miest s Pánom ľudia premýšľajú o časoch ich kultivácie na tejto zemi a sú pohltení láskou Boha Otca a Pána, ktorý pre nich pripravil nebo. Vstúpia do múzea v ľavej časti hlavnej budovy Pánovho hradu. Sám Boh Otec ho postavil na pamiatku Pánovej služby na tejto zemi, aby ľudia mali možnosť to vidieť a zažiť. Napríklad, miesto, kde bol Ježiš odsúdený Pontským Pilátom a Via Dolorosa, kadiaľ niesol kríž až na Golgotu, sú postavené presne rovnako. Keď ľudia uvidia tieto miesta, Pán im podrobne vysvetlí udalosti tej doby.

Nedávno som sa inšpiráciou Ducha Svätého dozvedel, čo Pán vtedy vyznal a rád by som sa s vami o to podelil. Je to úprimné vyznanie Pána, ktorý prišiel na túto zem a opustil všetku slávu v nebi, počas Jeho krížovej cesty na Golgotu.

Otče! Môj Otče!
Môj Otče, ktorý Si dokonalým svetlom,
Skutočne všetko miluješ!
Zem, na ktorú som prišiel
po prvýkrát s Tebou,
a ľudia,

sa od stvorenia
veľmi skazili ...

Teraz som si uvedomil,
prečo si ma sem poslal,
prečo si ma nechal tak veľmi trpieť útrapami
pochádzajúcimi zo skazených sŕdc ľudí,
a prečo si ma zo slávneho miesta v nebi
poslal tu dole!
V hĺbke Môjho srdca
teraz cítim a uvedomujem si
všetky tieto veci.

Ale Otče!
Viem, že v Tvojej spravodlivosti
a ukrytých tajomstvách všetko obnovíš.
Otče!
Všetky tieto veci budú trvať len okamih.
Ale kvôli sláve,
ktorou ma odmeníš
a ceste svetla,
ktorú otvoríš pre týchto ľudí,
Otče,
ponesiem tento kríž s nádejou a radosťou.

Otče, som schopný ísť touto cestou,
pretože som presvedčený,
že otvoríš túto cestu a svetlo
s Tvojim dovolením a v Tvojej láske,

a ožiariš Svojho syna
krásnymi svetlami,
keď sa o chvíľu všetko skončí.

Otče!
Zem, po ktorej som chodieval, je zo zlata,
cesty, po ktorých som chodieval, sú tiež zlaté,
vône kvetov, ktoré som voňal,
nemôžu byť porovnané s
tými na tejto zemi,
materiál odevov, ktoré som nosieval,
sú tak veľmi odlišné od týchto na tejto zemi,
a miesto, kde som býval,
je také slávne.
Chcel by som, aby títo ľudia
spoznali to krásne a pokojné miesto.

Otče,
uvedomujem si každý kúsok Tvojej prozreteľnosti.
Prečo som sa narodil,
prečo si mi dal túto povinnosť,
a prečo si ma poslal na túto skazenú zem
čítať myšlienky skazených ľudí.
Chválim Ťa, Otče,
pre Tvoju lásku, veľkosť
a všetky tieto veci, ktoré sú bezchybné.

Môj drahý Otče!
Ľudia sa divia, že sa nebránim,

aj keď tvrdím, že som židovský kráľ.
Ale Otče,
ako môžu pochopiť spomienky
plynúce z Môjho srdca,
lásku k Otcovi, ktorá plynie z Môjho srdca,
lásku k týmto ľuďom, ktorá plynie z Môjho srdca?

Otče,
mnoho ľudí si neskôr skrze Ducha Svätého
uvedomí a pochopí
udalosti, ktoré sa stanú.
Dostanú Ho od Teba ako dar,
keď už tu Ja nebudem.
Kvôli tejto chvíľkovej bolesti,
Otče, neroň slzy
a neodvracaj Svoju tvár odo mňa.
Nedopustiť, aby bolo Tvoje srdce plné bolesti,
Otče!

Otče, milujem Ťa!
Kým budem ukrižovaný,
Vylejem poslednú kvapku krvi
a poslednýkrát vydýchnem,
Otče, myslím na všetky tieto udalosti,
a srdcia týchto ľudí.

Otče, neľutuj,
ale buď oslávený skrze Tvojho Syna.
A prozreteľnosť a všetky Tvoje plány

budú raz a navždy úplne splnené.

Pán Ježiš vysvetľuje, na čo myslel, keď visel na kríži: slávu nebies, ako stojí pred Otcom, ľudí, dôvod, prečo Ho musel Otec poveriť touto povinnosťou, a tak ďalej.

Tí, ktorí sú pozvaní na hrad Pána, vyronia slzy, keď to budú počuť a budú so slzami ďakovať Pánovi za to, že prijal kríž namiesto nich a z hĺbky srdca vyznajú: „Môj Pane, Ty si môj pravý Spasiteľ!"

Na pamiatku Pánových útrap Boh na hrade Pána stvoril mnoho ciest z drahých kameňov. Keď niekto kráča po cestách postavených a ozdobených drahokamami rôznych farieb, ich žiara je jasnejšia a pripomína to chôdzu po vode. Navyše, na pamiatku ukrižovania na kríži na vykúpenie ľudí z hriechov, Boh Otec tam postavil drevený kríž s Ježišovou krvou. Okrem toho sú tam aj jasle z Betlehema, kde sa narodil Pán a je tam veľa ďalších vecí na priblíženie a reálne pochopenie Pánovej služby. Keď ľudia navštívia tieto miesta, môžu naživo vidieť a počuť Božie dielo, a tak budú môcť cítiť lásku k Pánovi a Otcovi vo väčšej hĺbke a navždy Ho oslavovať a vzdávať Mu vďaky.

4. Sláva obyvateľov Nového Jeruzalema

Nový Jeruzalem je najkrajšie miesto v nebi, ktoré je odmeňované tým ľuďom, ktorí v srdciach dosiahli svätosť a boli verní v celom Božom dome. Zjv 21, 24-26 nám hovorí, aké typy ľudí získajú slávu vstúpiť do Nového Jeruzalema:

V jeho svetle budú kráčať národy a králi zeme doň prinesú svoju slávu.Jeho brány sa cez deň nezavrú a noci tam nebude. A budú doň prinášať slávu a bohatstvo národov.

V jeho svetle budú kráčať národy

„Národy" sa tu vzťahuje na všetkých ľudí, ktorí sú spasení, bez ohľadu na ich etnický pôvod. Hoci štátne občianstvo ľudí, rasy a ďalšie atribúty sa medzi jednotlivcami líšia, akonáhle sú spasení skrze Ježiša Krista, všetci sa stanú Božími deťmi s občianstvom nebeského kráľovstva.

Preto výraz „v jeho svetle budú kráčať národy" znamená, že všetky Božie deti budú kráčať vo svetle Božej slávy. Ale nie všetky Božie deti získajú slávu voľne vstúpiť do Nového Jeruzalema. To je preto, lebo tí, ktorí sú v raji, v prvom, druhom alebo treťom nebeskom kráľovstve, môžu do Nového Jeruzalema vstúpiť len na pozvanie. Iba tí, ktorí boli úplne svätí a verní v celom Božom dome, majú česť v Novom Jeruzaleme naveky vidieť Boha Otca tvárou v tvár.

Králi zeme doň prinesú svoju slávu

Fráza „králi zeme" odkazuje na ľudí, ktorí boli duchovnými vodcami na tejto zemi. Budú žiariť ako dvanásť drahokamov na dvanástich základných kameňoch hradieb Nového Jeruzalema a sú kvalifikovaní v meste trvalo prebývať. Aj tí, ktorí budú Bohom uznaní, keď pred Ním budú stáť, prinesú so sebou dary pripravené celým srdcom. „Obetou" myslím všetko, čím vzdali

Bohu slávu so srdcom takým čistým a jasným ako krištáľ.

Preto „králi zeme doň prinesú svoju slávu" znamená, že pripravia ako dary všetky veci, ktorými usilovne pracovali pre Božie kráľovstvo, vzdali Mu slávu a vstúpili do Nového Jeruzalema.

Králi tejto krajine prinášajú dary kráľom väčších a silnejších národov, aby si ich naklonili, ale Bohu sú dary dávané s vďačnosťou za to, že ich viedol na cestu spásy a do večného života. Boh tieto dary prijíma s radosťou a odmeňuje ich cťou navždy prebývať v Novom Jeruzaleme.

V Novom Jeruzaleme nie je nikdy tma, pretože tam prebýva Boh, ktorý Je svetlo. Pretože tam nie je žiadna noc, zlo, smrť alebo zlodeji, nie je nutné zatvárať brány Nového Jeruzalema. Dôvod, prečo Písmo spomína „deň" je preto, lebo máme len obmedzené znalosti a schopnosť nebo plne pochopiť.

Prinášať slávu a bohatstvo národov

Čo teda znamená „budú doň prinášať slávu a bohatstvo národov"? „Oni" tu predstavuje všetkých ľudí, ktorí boli spasení zo všetkých národov na zemi a „budú doň prinášať slávu a bohatstvo národov" znamená, že títo ľudia prídu do Nového Jeruzalema s vecami, s ktorými na tejto zemi vzdali Bohu slávu, pričom uvoľňovali vôňu Ježiša Krista.

Ak dieťa poctivo študuje a jeho výsledky sa zlepšujú, rodičia ho budú chváliť. Rodičia budú mať z neho radosť, pretože budú hrdí na jeho tvrdú prácu, aj keď nedostal tie najlepšie známky. Rovnako, do akej miery konáme s vierou pre Božie kráľovstvo na tejto zemi, do takej miery budeme vydávať vôňu Ježiša Krista a oslavovať Boha a On to s radosťou prijme.

Vyššie je uvedené, že „králi zeme doň prinesú svoju slávu" a dôvod, prečo je napísané „králi zeme" je ukázať duchovnú hodnosť alebo postupnosť, na základe ktorej ľudia pred Boha predstupujú.

Tí, ktorí sú so slávou ako slnko kvalifikovaní na večný život v Novom Jeruzaleme, predstúpia pred Boha ako prví, po nich budú nasledovať ľudia, ktorí sú spasení zo všetkých národov s príslušnou slávou. Musíme si uvedomiť, že pokiaľ nebudeme mať kvalifikáciu na večný život v Novom Jeruzaleme, môžeme ho navštíviť len občas.

Tí, ktorí do Nového Jeruzalema nemôžu nikdy vstúpiť

Boh lásky chce, aby každý získal spasenie a každého chce podľa skutkov odmeniť príbytkom a nebeskými odmenami. To je dôvod, prečo tí, ktorí nemajú kvalifikáciu na vstup do Nového Jeruzalema, vstúpia do tretieho, druhého alebo prvého nebeského kráľovstva alebo do raja podľa miery ich viery. Boh usporiada špeciálne hostiny a pozve ich do Nového Jeruzalema, aby sa aj oni mohli tešiť z nádhery mesta.

Musíte však vedieť, že sú ľudia, ktorí do Nového Jeruzalema nemôžu nikdy vstúpiť, aj keď sa Boh nad nini chce zmilovať. Menovite, ľudia, ktorí nezískali spásu, nemôžu nikdy vidieť slávu Nového Jeruzalema.

Ale nič poškvrnené, nik, kto sa dopúšťa ohavnosti a lži, doň nevojde, iba tí, čo sú zapísaní v Baránkovej knihe života (Zjv 21, 27).

„Poškvrnené" sa vzťahuje na posudzovanie a odsudzovanie ostatných, a sťažnosti hľadajúc vlastné záujmy a výhody. Tento typ človeka preberá úlohu sudcu a podľa vlastnej vôle odsudzuje ostatných, namiesto toho, aby ich chápal. „Ohavnosť" tu odkazuje na všetky činy, ktoré pochádzajú zo zlého srdca zmýšľajúceho dvojakým spôsobom. Pretože títo ľudia majú rozmarné a prelietavé srdce a myseľ, vzdávajú vďaky len vtedy, keď dostanú odpovede na modlitby, ale čoskoro potom, ak čelia skúškam, začnú sa sťažovať a nariekať. Podobne aj ľudia s hanebným srdcom klamú vlastné svedomie a neváhajú zmeniť názor v snahe o vlastné záujmy.

„Lož" predstavuje ľudí, ktorí podvádzajú samých seba a vlastné svedomie a my musíme vedieť, že tento druh podvodu je pascou Satana. Existujú luhári, ktorí klamú zo zvyku a zase ďalší, ktorí klamú pre dobro druhých, ale Boh chce, aby sme odhodili aj tento druh lži. Existujú ľudia, ktorí spôsobujú škodu ostatným ľuďom falošným svedectvom a tento druh človeka, ktorý podvádza ostatných so zlým úmyslom, nebude spasený. Ďalej sú tu tí, ktorí podvádzajú Ducha Svätého alebo v mene Božieho diela, a tiež sú „luhármi." Judáš Iškariotský, jeden z dvanástich učeníkov Ježiša, mal na starosti pokladnicu a pokračoval v podvádzaní Božieho diela tým, že z nej kradol a spáchal mnoho ďalších hriechov. Keď do neho nakoniec vstúpil Satan, predal Ježiša za tridsať strieborných a naveky zomrel.

Existujú ľudia, ktorí vidia, ako sú chorí ľudí uzdravení a démoni vyháňaní Božou mocou skrze Ducha Svätého, ale ešte stále popierajú tieto diela a namiesto toho tvrdia, že sú to diela Satana. Títo ľudia nemôžu vstúpiť do neba, pretože sa rúhajú a hovoria proti Duchu Svätému. V Božích očiach by sme za žiadnych okolností nemali klamať.

Tí, ktorých mená sú vymazané z knihy života

Keď sme spasení vierou, naše mená sú zapísané v Baránkovej knihe života (Zjv 3, 5). Ale to neznamená, že každý, kto prijal Ježiša Krista, bude spasený. Spasení môžeme byť len vtedy, keď konáme podľa Božieho Slova a obriezkou srdca sa podobáme na srdce Pána. Ak aj po prijatí Ježiša Krista budeme naďalej konať v nepravde, naše meno bude vymazané z knihy života a nakoniec nebudeme spasení.

O tom nám Zjv 22, 14-15 hovorí, že blahoslavení sú tí, ktorí si vyprali rúcha, a tí, ktorí si rúcha neoprali, nebudú spasení:

Blahoslavení sú tí, čo si vypierajú rúcha: budú mať moc nad stromom života a budú môcť vstúpiť bránami mesta. Vonku zostanú psi, traviči, nemravníci, vrahovia, modloslužobníci a každý, kto miluje lož a dopúšťa sa jej.

„Psi" sa vzťahuje na tých ľudí, ktorí opätovne konajú v nepravde. Tí, ktorí sa neodvrátili od zlých skutkov, ale stále opakovane páchajú hriechy, nemôžu byť nikdy spasení. Sú ako psi vracajúci sa k ich zvratkom alebo prasa, ktoré sa hneď po umytí vracia späť do bahna. Navonok to síce vyzerá, že sa zbavili všetkého zla, ale opakovane konajú zlo, a aj keď sa zdá, že sa polepšili, znova sa ku zlu vracajú.

Boh však uznáva vieru tých, ktorí sa snažia konať len dobro, aj keď zatiaľ nedokážu úplne konať podľa Božieho Slova. Nakoniec budú spasení, pretože sa neustále menia a pre Boha ich úsilie predstavuje vieru.

„Traviči" sú tí, ktorí „sa zaoberajú mágiou." Správajú sa zle a nútia ostatných uctievať falošných bohov. V Božích očiach je toto veľkou ohavnosťou.

„Nemravníci" sa dopúšťajú nevery, aj keď on / ona má manželku alebo manžela. Nejde len o fyzické cudzoložstvo, ale aj duchovné cudzoložstvo, čo znamená milovať niečo viac ako Boha. Ak osoba, ktorá zažila živého Boha a uvedomila si Jeho lásku, predsa bude milovať svetské veci, ako peniaze či rodinu, viac ako Boha, dopustí sa duchovného cudzoložstva, a to je v Božích očiach nesprávne.

„Vrahovia" páchajú fyzické alebo duchovné vraždy. Ak poznáte duchovný význam slova „vražda", pravdepodobne nebudete môcť smelo povedať, že ste nikdy nikoho nezavraždili. Duchovná vražda znamená naviesť Božie deti na hriech a stratiť tak duchovný život (Mt 18, 7). Ak spôsobíte akúkoľvek bolesť iným ľuďom niečím, čo je proti pravde, to je tiež duchovná vražda (Mt 5, 21-22).

Duchovnou vraždou je tiež nenávidieť, závidieť, žiarliť, súdiť, hádať sa, hnevať sa, podvádzať, klamať, mať medzi sebou rozbroje, ohovárať a žiť bez lásky a milosrdenstva (Gal 5, 19-21). Niekedy ľudia vo vlastnej zlobe stratia pôdu pod nohami. Napríklad, ak opustia Boha, pretože ich niekto v cirkvi sklamal, je to z ich vlastnej zloby. Keby skutočne v Boha verili, nikdy by nestratili pôdu pod nohami.

„Modloslužobníci" sú niečím, čo Boh nenávidí najviac. V modloslužobníctve sú fyzickí modloslužobníci a duchovní modloslužobníci. Fyzickí modloslužobníci vytvárajú beztvarého boha ako obraz a uctievajú ho (Iz 46, 6-7). Duchovní modloslužobníci uctievajú čokoľvek, čo majú radi viac ako Boha. Ak človek v snahe o vlastné túžby miluje manželku, deti, peniaze, slávu alebo vedomosti viac než Boha, porušuje prikázania, a to je duchovné modloslužobníctvo.

Tieto druhy ľudí, bez ohľadu na to, ako veľmi volajú „Pane, Pane" a chodia do kostola, nebudú spasení a nevstúpia do neba, pretože Boha nemilujú.

Preto, ak ste prijali Ježiša Krista, dostali Ducha Svätého ako Boží dar a vaše meno je zapísané v Baránkovej knihe života, prosím vás, majte na pamäti, že do neba môžete vstúpiť a k Novému Jeruzalemu napredovať len vtedy, ak konáte v súlade s Božím Slovom.

Nový Jeruzalem je miesto, kde môžu vstúpiť iba tí, ktorí sú v srdciach úplne svätí a sú verní v celom Božom dome.

Na jednej strane tí, ktorí vstúpia do Nového Jeruzalema, uvidia Boha tvárou v tvár, s Pánom budú viesť krásne rozhovory a budú sa tešiť z nepredstaviteľnej úcty a slávy. Na druhej strane tí, ktorí prebývajú v raji, prvom, druhom alebo treťom nebeskom kráľovstve, Nový Jeruzalem navštívia iba vtedy, keď sú pozvaní na špeciálne hostiny, vrátane hostín organizovaných Bohom Otcom.

Kapitola 8 

„Videl som sväté mesto, Nový Jeruzalem"

1. Nebeské domy nepredstaviteľnej veľkosti

2. Veľkolepý hrad v úplnom súkromí

3. Prehliadka častí neba

> *,, Blahoslavení ste, keď vás budú pre mňa potupovať a prenasledovať a všetko zlé na vás nepravdivo hovoriť; radujte sa a jasajte, lebo máte hojnú odmenu v nebi. Tak prenasledovali aj prorokov, ktorí boli pred vami. "*
>
> - Mt 5, 11-12 -

V Novom Jeruzaleme sa stavajú nebeské domy, aby ľudia, ktorých srdce sa úplne podobá Božiemu srdcu, mohli v nich neskôr žiť. Archanjeli a anjeli majú na starosti ich výstavbu podľa vkusu každého majiteľa a Pán to všetko riadi. Toto je výsada, z ktorej sa môžu tešiť len tí ľudia, ktorí vstúpia do Nového Jeruzalema. Niekedy sám Boh prikáže archanjelovi postaviť mimoriadny dom pre určitého človeka, aby mohol byť presne podľa jeho vkusu. On nezabúda ani na jednu slzu, ktorú Jeho deti vyronili pre Jeho kráľovstvo a odmeňuje ich krásnymi a vzácnymi drahokamami.

Ako nachádzame v Mt 11, 12, Boh nám jasne hovorí, že do akej miery vyhráme duchovný boj a dozrejeme vo viere, o to krajšie miesto budeme mať v nebi:

Od dní Jána Krstiteľa podnes trpí nebeské kráľovstvo násilie a násilníci sa ho zmocňujú.

Boh lásky nás už mnoho rokov vedie k násilnému napredovaniu k nebu, a to jasným odhaľovaním nebeských príbytkov v Novom Jeruzaleme. Je to preto, lebo je blízko návrat Pána, ktorý nám išiel pripraviť miesto v nebi.

1. Nebeské domy nepredstaviteľnej veľkosti

V Novom Jeruzaleme je mnoho krásnych domov

nepredstaviteľných rozmerov. Medzi nimi je jeden krásny a veľkolepý dom postavený na veľkej ploche. V strede je okrúhly, veľký a krásny trojposchodový hrad a okolo hradu je mnoho budov a atrakcií ako v zábavnom parku, aby toto miesto vyzeralo ako svetoznáme turistické zábavné centrum. Skutočne prekvapujúce je to, že tento nebeský dom pripomínajúci mesto, patrí človeku kultivovanému na tejto zemi!

Blahoslavení tichí, lebo oni budú dedičmi zeme

Ak by sme na tejto zemi mali neobmedzené finančné možnosti, mohli by sme si kúpiť veľký pozemok a postaviť krásny dom podľa svojich predstáv. Ale v nebi nemôžeme ani kupovať žiadne pozemky, ani postaviť nejaký dom, bez ohľadu na naše bohatstvo, pretože Boh nás odmeňuje pozemkom a domami podľa našich skutkov.

Mt 5, 5 hovorí: *„Blahoslavení tichí, lebo oni budú dedičmi zeme. "* V závislosti na miere, do akej sa podobáme Pánovi a dosiahneme duchovnú tichosť na tejto zemi, „zdedíme zem" v nebi. To je preto, lebo ten, kto je duchovne tichý, dokáže prijať všetkých ľudí a tí k nemu prídu a nájdu pokoj a pohodlie. On bude s každým vo všetkých situáciách v mieri, pretože jeho srdce je mierne a nežné ako páperie.

Ale ak robíme so svetom kompromisy a kráčame proti pravde, len aby sme boli v mieri s ostatnými ľuďmi, toto vôbec nie je duchovná pokora. Ten, kto je naozaj tichý, nielen prijíma mnoho ľudí s nežným a srdečným srdcom, ale je aj dosť odvážny a silný na to, aby pre pravdu riskoval aj vlastný život.

Tento druh človeka môže vyhrať srdcia mnohých ľudí a viesť

ich na cestu spásy a na lepšie miesto v nebi, pretože on má lásku a nežnosť. To je dôvod, prečo v nebi môže dostať taký veľký dom. A preto dom opísaný nižšie, patrí skutočne tichému človeku.

Dom taký veľký ako mesto

V strede tohto domu je veľký hrad ozdobený mnohými drahokamami a zlatom. Jeho strecha je vyrobená zo sardionu okrúhleho tvaru a veľmi jasne žiari. Okolo žiariaceho a jasného hradu preteká rieka vody života, ktorá vychádza od Božieho trónu. Kvôli veľkému počtu budov tento dom vyzerá ako metropola. Sú tu aj atrakcie ako v zábavnom parku, ktoré sú ozdobené zlatom a veľkým množstvom drahokamov.

Na jednej strane tohto veľkého pozemku sú lesy, pláň a veľké jazero, a na druhej strane sú obrovské kopce s vodopádmi a mnohými druhmi kvetín. Je tam aj more, po ktorom sa plaví obrovská výletná loď ako Titanic.

Teraz si urobíme prehliadku tohto nádherného domu. Je tam dvanásť brán na štyroch svetových stranách. Vojdeme hlavnou bránou, odkiaľ môžeme vidieť hrad.

Táto hlavná brána je ozdobená mnohými drahokamami a je strážená dvoma anjelmi. Sú svalnatí a zdajú sa byť veľmi silní. Stoja bez mihnutia oka a ich zjavná dôstojnosť ich robí neprístupnými.

Po oboch stranách brány sú okrúhle, veľké a krásne stĺpy. Steny zdobí mnoho drahokamov a kvetov a zdajú sa byť nekonečné. Vstupom do brány, ktorá sa automaticky otvorí, môžete už zďaleka vidieť veľký hrad s červenou strechou, z ktorej na vás svieti krásne svetlo.

Pri pohľade na mnoho domov rôznych veľkostí ozdobených mnohými drahokamami, nemôžete si pomôcť nebyť hlboko dojatí láskou Boha, ktorý vám odmeňuje tridsať, šesťdesiat, alebo stonásobne viac ako to, čo ste urobili a obetovali. Ste vďační za to, že dal svojho jediného Syna, aby vás viedol na cestu spásy a večného života. Okrem tohto pre Vás pripravil aj tieto krásne nebeské domy a vaše srdce bude pretekať vďačnosťou a radosťou.

Všade okolo hradu sa ozýva jemný, jasný a krásny zvuk chvál, a váš duch je premožený neopísateľným pokojom a šťastím a ste plní emócií:

Dnes večer v hĺbke môjho ducha
Znie melódia sladšia ako žalm;
V nebeských lúčoch neustále dopadá
Na moju dušu ako nekonečný pokoj.
Pokoj! Pokoj! Čarovný pokoj
Zostupuje od Otca z nebies!
Modlím sa, naveky zasiahni môjho ducha,
bezodnými vlnami lásky.

Zlaté cesty také priezračné ako sklo

Kráčaním po zlatej ceste dôjdeme k veľkému hradu v strede. Keď prejdete hlavným vchodom, po oboch stranách cesty vás privítajú stromy zo zlata, z drahokamov a s chutným drahocenným ovocím. Návštevníci potom môžu ochutnať ovocie. Ovocie je také dobré, že sa rozplýva v ústach a celé telo naplní energiou a radosťou.

Po oboch stranách zlatých ciest sú kvety rôznych farieb a

veľkosti a svojou vôňou vítajú a zdravia návštevníkov. Za nimi je zlatý trávnik, veľa druhov stromov a krásne záhrady. Kvety krásnych dúhových farieb vyzerajú, ako keby vyžarovali svetlo. Každá kvetina uvoľňuje jedinečnú vôňu. Na niektorých z týchto kvetov sedí hmyz, ktorý sa podobá pestrofarebným motýľom a navzájom sa zhovára. Na stromoch medzi žiarivými konármi a listami visí mnoho chutného ovocia. Na konároch sedí a spieva veľa druhov vtákov so zlatým perím, a to robí túto scénu ešte pokojnejšou a šťastnejšou. Okolo sa tiež pokojne prechádzajú rôzne zvieratá.

Automobilový oblak a zlatý voz

Teraz stojíte pred druhou bránou. Dom je taký veľký, že v hlavnej bráne je ešte jedna brána. Pred vašimi očami je široké priestranstvo, ktoré slúži ako garáž na parkovanie veľkého množstva automobilových oblakov a zlatých vozov. Touto neuveriteľnou scenériou ste úplne ohromení.

Zlatý voz je ozdobený veľkými diamantami a drahokamami. Patrí majiteľovi tohto domu a je jednosedadlový. Keď sa voz pohybuje, vďaka toľkým trblietavým drahokamom žiari ako padajúca hviezda a je oveľa rýchlejší ako automobilový oblak.

Automobilový oblak je obklopený čistými bielymi oblakmi a krásnymi rôznofarebnými svetlami. Má štyri kolesá a krídla. Po zemi oblak jazdí na kolesách, a keď letí, kolesá sa automaticky zasunú a rozprestrú sa krídla, aby oblak mohol voľne lietať.

Akou veľkou autoritou a cťou bude cestovanie všetkými miestami s Pánom na automobilovovom oblaku za sprievodu nebeských zástupov a anjelov! Ak je automobilový oblak dávaný každému, kto vstúpi do Nového Jeruzalema, dokážete si predstaviť, koľko odmien získal majiteľ tohto domu, keďže v jeho garáži je tak veľa automobilových oblakov?

Veľký hrad v strede

Keď na veľký a krásny hrad dorazíte na automobilovom oblaku, uvidíte trojposchodovú budovu so sardionovou strechou. Táto budova je taká obrovská, že ju nemožno prirovnať ku žiadnej budove na tejto zemi. Zdá sa, že celý hrad sa pomaly otáča žiariac úžasným svetlom a v dôsledku týchto svetiel hrad vyzerá ako živý. Rýdze zlato a jaspis žiaria jasnými a transparentnými zlatými svetlami modrastého odtieňa. Ale je nepriehľadný a vyzerá ako socha bez akýchkoľvek spojov. Steny a kvety okolo týchto hradieb vydávajú krásne vône, ktoré len zväčšujú neopísateľné šťastie a radosť. Kvety rôznych veľkostí dotvárajú veľkolepú scenériu a ich rôzne tvary a vône tvoria vynikajúcu kombináciu.

Aký je teda konkrétny dôvod, prečo Boh daroval taký obrovský kus pozemku a krásny veľký dom? Je to preto, že Boh nikdy nezabudne na nič, čo Jeho deti urobili pre Jeho kráľovstvo a spravodlivosť na tejto zemi a hojne ich odmení.

Znovu a znovu sa radujem
v Mojom milovanom.
Tento ma tak veľmi miloval,
že mi dal všetko, čo mal.
On ma miloval viac ako
jeho rodiča a bratia,

On neušetril ani vlastné deti
a svoj život považoval za bezcenný
a pre mňa sa ho vzdal.

Oči vždy upieral iba na Mňa.
Úplne sa riadil Mojím Slovom.
Hľadal iba Moju slávu.
Bol vďačný,
aj keď čelil nespravodlivému utrpeniu.
Aj uprostred prenasledovania,
s láskou sa modlil za tých,
ktorí ho prenasledovali.
Nikdy nikoho neopustil,
aj keď ho zradil.
Svoju povinnosť plnil s radosťou,
aj keď trpel neznesiteľnými bolesťami.
Zachránil veľa duší
a úplne splnil Moju vôľu,
nesúc Moje srdce.

Pretože splnil Moju vôľu
a tak veľmi Ma miloval,
Pripravil som pre neho
tento veľký a nádherný dom
v Novom Jeruzaleme.

2. Veľkolepý hrad v úplnom súkromí

Božie dotyky sú najmä v domoch ľudí, ktorých veľmi miluje. A tak v tých domoch nájdeme odlišnú úroveň krásy a svetla slávy ako v ostatných domoch, dokonca aj v Novom Jeruzaleme.

Veľký hrad, ktorý sa nachádza v strede, je miesto, kde si majiteľ môže vychutnať úplné súkromie. Je to kompenzácia za jeho prácu a modlitby v slzách pri plnení Božieho kráľovstva. A tiež za skutočnosť, že sa deň a noc staral o ostatné duše bez užívania si vlastného života.

Hrad má v strede hlavný dom a dva rady hradieb. Druhé hradby sú v strednej časti medzi hlavnou budovou, ktorá je v strede, a vonkajšími hradbami. Takže celý hrad je rozdelený na vnútorný hrad a na vonkajší hrad, pričom vnútorný hrad siaha od hlavnej budovy k prvým hradbám a vonkajší hrad od prvých hradieb k vonkajším hradbám.

Aby sme vstúpili do hlavného domu tohto hradu, musíme prejsť hlavnou bránou a potom ešte jednou bránou, ktorá je v týchto vnútorných hradbách. Vonkajšie hradby majú veľa brán. Brána, ktorá je priamo pred hlavným domom, je hlavnou bránou. Hlavná brána je ozdobená rôznymi drahými kameňmi a strážia ju dvaja anjeli. Títo anjeli majú vážne tváre a vyzerajú byť silní. Keď sú na stráži, ani okom nemihnú a vyžarujú dôstojnosť.

Po oboch stranách hlavného vchodu sú veľké valcové stĺpy. Steny sú ozdobené drahokamami a kvetmi a sú také dlhé, že nedovidíte na ich koniec. V sprievode anjelov vstúpime hlavnou bránou, ktorá sa automaticky otvorí a osvietia nás úžasné a krásne svetlá. Pred sebou uvidíme zlatú cestu, ktorá je ako krištáľ a vedie priamo k hlavnej bráne.

Kráčaním po zlatej ceste prídeme k druhej bráne. Táto brána sa nachádza vo vnútorných hradbách, ktoré oddeľujú vnútorný a vonkajší hrad. Keď prejdeme touto druhou bránou, prídeme k miestu, ktoré vyzerá ako obrovské parkovisko na tejto zemi. Tu je zaparkované veľké množstvo automobilových oblakov. Medzi nimi je aj zlatý voz.

Hlavný dom tohto hradu je väčší než akákoľvek budova na tomto svete. Je to trojposchodová budova. Každé poschodie budovy je valcového tvaru a plocha každého podlažia sa smerom k streche zmenšuje. Strecha je kupola cibuľovitého tvaru.

Steny hlavného domu sú z rýdzeho zlata a jaspisu, vyžarujúce modrasté a jasné, transparentné, zlaté svetlo, zmiešaním ktorých vzniká harmonické a nádherné svetlo. Svetlo je také silné, že máte pocit, že dom žije a hýbe sa. Celá budova vyžaruje úžasné svetlo a vyzerá, ako keby sa pomaly otáčala.

Teraz vkročíme do tohto veľkého hradu!

Dvanásť brán na vstup do hlavnej budovy hradu

Tento hlavný dom má dvanásť brán. Keďže hlavný dom je veľmi veľký, brány sú od seba dosť vzdialené. Brány majú oblúkový tvar a na každej z nich je vyrytý obrázok kľúča. Pod obrázkom kľúča je nebeským písmom napísaný názov brány. Tieto písmená sú napísané drahokamami a každá brána je ozdobená jedným druhom drahokamu.

Pod nimi je vysvetlenie dôvodu daného pomenovania brány. Boh Otec spojil, čo majiteľ tohto domu vykonal na tejto zemi a vyjadril to na dvanástich bránach.

Prvá brána je „bránou spásy." Vysvetľuje, ako sa majiteľ stal pastierom toľkých ľudí a na celom svete viedol nespočetné množstvo duší ku spáse. Vedľa brány spásy je „brána Nového Jeruzalema." Pod názvom brány je vysvetlenie, že majiteľ doviedol veľa duší do Nového Jeruzalema.

Ďalšou bránou je „brána moci." Najprv tam sú štyri brány symbolizujúce štyri úrovne moci, a potom je tam brána moci stvorenia a brána najvyššej moci stvorenia. Na týchto bránach je vysvetlenie, ako každý druh moci uzdravil mnoho ľudí a oslávil Boha.

Deviatou bránou je „brána zjavenia" a táto brána vysvetľuje, že majiteľ získal veľa zjavení a vysvetlil Bibliu veľmi jasne. Desiatou bránou je „brána úspechov." Pripomína úspechy, ako napríklad, vybudovanie veľkej svätyne.

Jedenástou bránou je „brána modlitby." Táto brána poukazuje na to, ako sa majiteľ celý život s láskou modlil k Bohu za splnenie Božej vôle, a ako smútil nad ostatnými dušami a modlil sa za ne.

Poslednou dvanástou bránou je brána „víťazstvo nad nepriateľom diablom a Satanom." Vysvetľuje ako majiteľ prekonal všetko s vierou a láskou, keď sa mu nepriateľ diabol a Satan snažil ublížiť a dohnať ho k zúfalstvu.

Mimoriadne nápisy a vzory na hradbách

Hradby vyrobené z rýdzeho zlata a jaspisu sú plné nápisov a kresieb. Je tam zaznamenaný každý detail o prenasledovaní a posmechoch, ktorým čelil pre Božie kráľovstvo a každý skutok, ktorým oslávil Pána. Najúžasnejšie je to, že sám Boh vyryl tieto nápisy do básní a písmená žiaria krásnym a jasným svetlom.

Ak vstúpite do hradu jednou z týchto brán, uvidíte objekty, ktoré sú oveľa krajšie ako to, čo ste videli vonku. Nádherný jas drahokamov sa lomí dva až trikrát.

Nápisy o majiteľových slzách, snahách a úsilí na tomto svete sú napísané aj na vnútorných hradbách a svietia žiarivým svetlom. Časy jeho vrúcnych nočných modlieb za Božie kráľovstvo a čistá vôňa vlastného obetovania sa za duše, sú zaznamenané ako básne a nádherne žiaria.

Ale Boh Otec ukryl väčšinu podrobností o týchto nápisoch, aby ich majiteľovi ukázal On sám, keď príde na toto miesto. Je to preto, aby Boh prijal jeho srdce, ktoré Ho bude velebiť s hlbokým dojatím a slzami, keď mu ukáže tie nápisy so slovami: „Toto som pripravil pre teba."

Aj na tomto svete, ak ľudia niekoho milujú, opakovane píšu meno toho človeka. Píšu jeho meno do notesa alebo do denníka, na pláži, alebo dokonca ho vyrežú na stromy, či vytesajú do skaly. Nevedia inak vyjadriť svoju lásku, a tak iba píšu meno človeka, ktorého milujú.

A preto je tam zlatá doska štvorcového tvaru, na ktorej sú len tri slová. Sú to tieto tri slová: „Otec", „Pán" a „Ja." „Otec, Pán, Ja." Majiteľ domu nedokáže slovami vyjadriť lásku k Otcovi a Pánovi.

Toto vyjadruje jeho srdce.

Stretnutia a hostiny na prvom poschodí

Tento hrad nie je väčšinou otvorený pre ostatných ľudí. Je otvorený príležitostne pre hostiny a plesy. Je tam veľmi veľká sála, do ktorej sa zmestí nespočetné množstvo ľudí. Používa sa tiež ako miesto stretnutia, kde sa majiteľ delí o lásku a radosť pri rozhovore s hosťami.

Sála je okrúhla a taká veľká, že nedovidíte z jedného konca na druhý. Podlaha je bielej farby a je veľmi hladká. Je pokrytá mnohými drahokamami a úžasne žiari. Uprostred sály je trojposchodový luster, ktorý zvýrazňuje dôstojnosť miestnosti. Na bočných stenách sú zlaté lustre rôznych veľkostí, čo ešte viac pridáva na kráse sály. V strede sály je okrúhle pódium a okolo pódia sú vo viacerých radoch stoly. Tí, ktorí sú pozvaní, podľa poradia zaujmú svoje miesta a vedú priateľské rozhovory.

Všetky dekorácie vo vnútri budovy sú podľa vkusu majiteľa a ich svetlá a tvary sú veľmi krásne a jemné. Každý drahokam ukrýva Boží dotyk a je veľkou cťou byť pozvaný na túto hostinu, ktorú usporiadal majiteľ tohto domu.

Tajomné izby a spoločenské priestory na druhom poschodí

Na druhom poschodí tohto veľkého hradu je mnoho izieb a každá izba ukrýva tajomstvo, ktoré bude podľa skutkov majiteľa plne odhalené až v nebi. V niektorých izbách je veľké množstvo vencov rôznych druhov. Pripomínajú múzeum. Mnoho vencov, vrátane zlatého venca, zlatom ozdobeného venca, krištáľového venca, perlového venca, kvetmi ozdobeného venca a mnoho ďalších vencov, je pekne uložených. Tieto vence sú odmeňované zakaždým, keď majiteľ dosiahol Božie kráľovstvo a vzdával Bohu slávu na tejto zemi. Ich veľkosť, tvar, materiál a ozdoby sú rôzne, pretože poukazujú na rozdiel v cti. Tiež sú tam veľké miestnosti, ktoré slúžia ako skrine a ochraňujú ozdoby z drahokamov, o ktoré sa starajú zvláštnou starostlivosťou anjeli.

Tiež sa tam nachádza vkusná štvorcová miestnosť s malým množstvom ozdôb s názvom „Izba modlitby." Je to dané preto, lebo majiteľ sa na tejto zemi veľa modlil. Ďalej je tu miestnosť s niekoľkými televíznymi prijímačmi. Táto miestnosť sa nazýva „Izba agónie a smútku" a tu majiteľ môže sledovať všetky udalosti z jeho pozemského života, kedykoľvek sa mu zachce. Boh zachoval každý okamih a udalosť z majiteľovho života, pretože pri vykonávaní Božieho diela a služby ukrutne trpel a za duše prelial mnoho sĺz.

Na druhom poschodí je tiež krásne upravené miesto na príjímanie prorokov, kde sa s nimi majiteľ môže deliť o lásku a viesť priateľské rozhovory. Môže sa stretnúť s prorokmi ako je Eliáš, ktorý do neba vošiel na ohnivom voze a ohnivých koňoch, Henoch, ktorý s Bohom chodil tristo rokov, Abrahám, ktorého viera sa páčila Bohu, Mojžiš, ktorý bol najskromnejším človekom, aký kedy chodil po tejto zemi, neustále vášnivý apoštol Pavol, a ďalší, a tešiť sa z rozhovoru s nimi o ich životoch a udalostiach na tejto zemi.

Tretie poschodie vyhradené pre zdieľanie lásky s Pánom

Tretie poschodie veľkého hradu je nádherne ozdobené na prijatie Pána a na krásne rozhovory, ako dlho a ako často si majiteľ želá. Je to preto, lebo majiteľ miloval Pána viac ako kohokoľvek iného a pokúsil sa napodobniť Jeho skutky tým, že čítal štyri evanjelia, slúžil všetkým a miloval ich tak, ako Pán miloval učeníkov. Navyše, tak ako Pán, so slzami sa modlil, aby doviedol nespočetné množstvo duší na cestu spásy, tým že dostal Božiu moc a skutočne mnohokrát dokázal, že Boh je živý. Kedykoľvek myslel na Pána, stekali mu po lícach slzy a mnoho nocí nemohol spať, pretože mu Pán chýbal. Tiež, tak ako Pán, ktorý sa modlil celú noc, aj tento majiteľ sa mnohokrát modlil celú noc a snažil sa úplne dosiahnuť Božie kráľovstvo.

Aký bude radostný a šťastný, keď sa s Pánom stretne tvárou v tvár a bude s Ním zdieľať lásku v Novom Jeruzaleme!

Vidím, môj Pane!
Môžem umiestniť svetlo Jeho očí
v mojich očiach,
Jeho jemný úsmev môžem vložiť do môjho srdca,
a to všetko je pre mňa veľkou radosťou.

Môj Pane,
ako veľmi Ťa milujem!
Ty vidíš všetko
a všetko vieš.
Teraz sa veľmi teším,
že môžem vyznať svoju lásku.
Milujem Ťa, Pane.
Tak veľmi si mi chýbal.

Rozhovory s Bohom nie sú nikdy nudné alebo únavné.

Boh Otec, ktorý dostal túto lásku, nádherne vyzdobil interiér tretieho poschodia tohto veľkolepého domu ornamentami a drahokamami. Zložitosť a nádhera sa nedá opísať a mimoriadne je aj osvetlenie. Už len pri pohľade na okolie domov v nebi môžete cítiť spravodlivosť a nežnú lásku Boha, ktorý vás odmeňuje podľa vašich skutkov.

3. Prehliadka častí neba

Čo sa ešte nachádza okolo veľkého hradu? Keď sa do najmenších detailov pokúsim opísať tento dom, ktorý je ako mesto, bude to viac než dosť na napísanie celej knihy. Okolo hradu je veľká záhrada a mnoho druhov krásne ozdobených budov. Tento dom vyzerá ako hlavná turistická atrakcia vďaka zariadeniam ako je bazén, zábavný park, chaty a opera.

Boh všetko odmeňuje podľa skutkov človeka

Dôvodom, prečo majiteľ môže mať tento druh domu s toľkým zariadením je to, že na tejto zemi oddal celé svoje telo, myseľ, čas a peniaze Bohu. Boh odmeňuje všetko, čo urobil pre Božie kráľovstvo, vrátane nespočetných duší, ktoré viedol na cestu spásy a budovania Božej cirkvi. Boh nám nedáva len to, o čo prosíme, dáva nám aj to, čo si želáme v našich srdciach. Vidíme, že Boh je schopný navrhovať dokonalejšie a krajšie budovy a zároveň zachováva jednottu a rozmanitosť, než akýkoľvek vynikajúci architekt alebo projektant na tejto zemi.

Ak máme dostatok peňazí na tejto zemi, môžeme mať všetko,

čo chceme. V nebi však tomu tak nie je. Dom, odev, drahokamy, vence, a dokonca aj slúžiaci anjeli, nedajú sa kúpiť alebo požičať, ale sú dávané ako odmeny podľa miery viery a vernosti Božiemu kráľovstvu.

Ako nájdeme v Hebr 8, 5: „*No oni slúžia obrazu a tieňu nebeskej skutočnosti, ako bolo nariadené Mojžišovi, keď mal zhotoviť stánok,*" tento svet je tieňom neba a väčšina zvierat, rastlín a príroda sú aj v nebi. Sú oveľa krajšie ako na tejto zemi.

Poďme teraz preskúmať záhrady plné kvetov a rastlín.

Uctievacie miesta a veľká svätyňa

Za hradom je obrovské vnútorné nádvorie. Nádhernú scenériu dotvára mnoho kvetov a stromov. Po oboch stranách hradu sú veľké uctievacie miesta, kde ľudia môžu oslavovať Boha chválou. Tento nebeský dom, ktorý je nepredstaviteľne obrovský, pripomína turistické miesto vybavené mnohými zariadeniami. A pretože trvá dlho, kým si ľudia obzrú celý dom, sú tu uctievacie miesta, kde si môžu oddýchnuť.

Uctievanie v nebi je úplne odlišné ako uctievanie na tejto zemi. Nemusíte dodržiavať žiadne formality, ale môžete vzdať Bohu slávu novými piesňami. Keď budete spievať o sláve Otca a láske Pána, osvieži vás to, pretože vás úplne naplní Duch Svätý. Potom budete mať v srdci hlbšie emócie a budete naplnení vďačnosťou a radosťou.

Okrem svätostánkov má tento hrad budovu, ktorá má presne rovnaký tvar ako jedna svätyňa na tejto zemi. Keď majiteľ tohto hradu žil na tejto zemi, dostal poverenie od Boha Otca vybudovať obrovskú a veľkú svätyňu a rovnaký druh svätyne je aj v Novom Jeruzaleme.

Rovnako ako Dávid v Starom zákone, aj majiteľ tohto hradu túžil po Božom chráme. Na svete je mnoho budov, ale nie je tu žiadna budova, ktorá by poukazovala na dôstojnosť a slávu Boha. Vždy mu to bolo ľúto.

Bol horlivý vybudovať svätyňu, ktorá by bola len pre Boha Stvoriteľa. Boh Otec prijal toto túžiace srdce a vysvetlil mu veľmi podrobne tvar, veľkosť, ozdoby, a dokonca, aj vnútornú štruktúru svätyne. Ľudskou mysľou to bolo nemožné, ale on konal len s vierou, nádejou a láskou, a nakoniec vybudoval veľkú svätyňu.

Táto veľká svätyňa nie je len obrovská a nádherná budova. Je to kryštaloid sĺz z energie tých veriacich, ktorí Boha skutočne milujú. Na vybudovanie tejto svätyne museli byť použité všetky poklady sveta. Srdce kráľov národov sa muselo pohnúť. Aby sa toto všetko stalo, najpotrebnejšie boli mocné Božie skutky, ktoré presahujú ľudskú predstavivosť.

Majiteľ tohto hradu vlastnými silami prekonal ťažké duchovné boje, aby dostal tento druh sily. Veril v Boha, ktorý len dobrotou, láskou a poslušnosťou robí nemožné veci možnými. Neustále sa modlil a ako výsledok postavil veľkú svätyňu, ktorá bola Bohom radostne prijatá.

Boh Otec, vediac všetky tieto skutočnosti, postavil reprodukciu tejto veľkej svätyne na hrade tohto človeka. Samozrejme, že v nebi je veľká svätyňa postavená zo zlata a drahokamov, ktoré sú krajšie ako materiály na tejto zemi, ale tvar má rovnaký.

Koncertná sála ako v Sydney Opera House

Na hrade je koncertná sála, ktorá vyzerá podobne ako sála v

Opera House v Sydney v Austrálii. Existuje dôvod, prečo Boh Otec na tomto hrade postavil koncertnú sálu. Keď majiteľ tohto hradu žil na zemi, pochopením srdca Boha, ktorý sa teší z chvál, organizoval mnoho speváckych zborov. A oslavoval Boha Otca prostredníctvom veľmi krásneho a pôvabného kresťanského speváckeho umenia.

Nešlo len o vonkajší vzhľad, zručnosť a techniku. Účinkujúcich viedol duchovnou cestou, aby mohli Boha chváliť pravou láskou z hĺbky srdca. Vychoval mnoho umelcov, ktorí ponúkli Bohu druh chvál, ktoré Boh skutočne prijal. Práve kvôli tomuto Boh Otec postavil na tomto hrade krásnu koncertnú sálu, aby títo umelci mali možnosť slobodne demonštrovať svoje zručnosti podľa túžob ich sŕdc.

Pred budovou sa rozprestiera veľké jazero a vyvoláva to dojem, že budova pláva na vode. Keď začnú vodné fontány striekať vodu z jazera, padajúce kvapky vody sa trblietajú ako drahokamy. Koncertná sála má úžasné pódium ozdobené mnohými druhmi drahokamov a aj mnoho sedadiel čakajúcich na divákov. Tu vystúpia anjeli v krásnych kostýmoch.

Títo vystupúci anjeli budú tancovať v kostýmoch, ktoré vyžarujú svetlo žiariacej transparentnosti drahokamov ako krídla vážky. Každý ich pohyb je úplne bezchybný a krásny. Tiež sú tam anjeli, ktorí spievajú a hrajú na hudobných nástrojoch. Hrajú krásne a sladké melódie sofistikovaným spôsobom a technikami.

Ale aj napriek tomu, že zručnosti anjelov sú také dobré, vôňa chvál a tanca je veľmi odlišná ako od Božích detí. Božie deti majú v srdciach hlbokú lásku a vďačnosť k Bohu. Zo srdca, ktoré bolo krásne vytvorené prostredníctvom kultivácie človeka, vychádza vôňa, ktorá pohne aj Bohom Otcom.

Tieto Božie deti, ktorých povinnosťou na tejto zemi je chváliť Boha, budú mať aj v nebi veľa príležitostí oslavovať Boha chválami. Pokiaľ vodca chváliacich ľudí pôjde do Nového Jeruzalema, môže hrať v tejto koncertnej sále, ktorá vyzerá ako opera. Predstavenia uskutočnené na tomto mieste, budú niekedy živo vysielané do všetkých príbytkov v nebeskom kráľovstve. Preto je veľkou cťou stáť aspoň raz na pódiu tejto sály.

Most z oblakov v dúhových farbách

Rieka vody života, ktorá žiari strieborným jasom, prúdi celým hradom, pretože tečie okolo hradu. Vychádza z Božieho trónu a tečie okolo hradov Pána a Ducha Svätého, Nového Jeruzalema, tretieho, druhého a prvého nebeského kráľovstva a raja a vracia sa späť k Božiemu trónu.

Ľudia sa môžu rozprávať s pestrofarebnými rybami, sediac na zlatom a striebornom piesku po oboch stranách rieky vody života. Po oboch stranách rieky sú zlaté lavičky a okolo nich sú stromy života. Sediac na zlatých lavičkách a pri pohľade na chutné ovocie, stačí, ak si pomyslíte: „Ach, tie plody vyzerajú tak chutne," a slúžiaci anjeli vám prinesú ovocie v kvetinovom košíku a zdvorilo vám ho podajú.

Okolo rieky vody života sú krásne oblúkové mosty z oblakov. Kráčajúc po moste z oblakov vo farbách dúhy s výhľadom na rieku, ktorá pod vami pomaly tečie, máte taký nádherný pocit, ako keby ste lietali po oblohe alebo kráčali po vode.

Keď prejdete cez rieku vody života, prídete na vonkajšie nádvorie s mnohými druhmi kvetín a zlatým trávnikom. Tu máte úplne iný pocit ako na vnútornom nádvorí.

Zábavný park a kvetinová cesta

Keď prejdete mostom z oblakov, prídete k zábavnému parku, ktorý má mnoho druhov atrakcií, aké ste nikdy predtým nevideli, o akých ste ešte nepočuli ani si nepredstavovali. Dokonca aj najlepší zábavný park tohto sveta, ako napríklad, Disneyland, nemožno porovnávať s týmto zábavným parkom. Okolo parku premávajú krištáľové vlaky, atrakcia pripomínajúca pirátsku loď vyrobená zo zlata a drahokamov sa pohybuje tam a späť, je tam kolotoč točiaci sa vo veselom rytme a veľká horská dráha fascinujúca jazdcov. Vždy, keď sa tieto atrakcie ozdobené drahokamami hýbu, žiaria viacvrstvovými svetlami a už len tým, že ste tam, máte veselú náladu.

Na jednej strane vonkajšieho nádvoria je nekonečná kvetinová cesta. Celá cesta je pokrytá kvetmi, po ktorých môžete kráčať. Nebeské telo je také ľahké, že nemôžete cítiť jeho váhu, a aj keď po kvetoch kráčate, nebudú udupané. Keď kráčate po širokej kvetinovej ceste voňajúc jemné vône kvetín, kvety zatvárajú a otvárajú okvetné lístky, ako keby boli plaché a robia vlnu. Je to špeciálne privítanie a pozdrav. V rozprávkach majú kvety tváre a môžu rozprávať a je to rovnaké v nebi.

Budete veľmi potešení tým, že môžete po kvetoch kráčať a vychutnávať si ich vôňu a kvety budú šťastné a za chôdzu po nich vám vzdajú vďaku. Ak na ne jemne položíte chodidlo, uvoľnia ešte viac vône. Každá kvetina má inú vôňu a vône sa neustále miešajú inak, takže zakaždým, keď po nich kráčate, máte nové pocity. Kvetinové cesty sa nachádzajú všade ako krásny obraz, aby zvyšovali krásu tohto nebeského domu. Dom jediného človeka je obrovský, zdanlivo nekonečný a obsahuje najrôznejšie druhy vybavení.

Veľká pláň, na ktorej sa mierumilovne hrajú zvieratá

Za kvetinovými cestami je veľká široká pláň, na ktorej je mnoho druhov zvierat, ktoré ste nemohli vidieť na tejto zemi. Samozrejme, že aj na iných miestach môžete vidieť veľa ďalších zvierat, ale tu sú takmer všetky druhy zvierat, s výnimkou tých, ktoré stáli proti Bohu, ako napríklad, draci. Príroda pred vašimi očami pripomína obrovskú savanu v Afrike, ale tieto zvieratá neopúšťajú svoje územie, aj keď tam nie je žiadne oplotenie a voľne sa pohybujú. Sú väčšie ako zvieratá na tejto zemi a majú jasnejšie, krásne žiariace farby. Zákon džungle sa tu na ne nevzťahuje.

Všetky zvieratá sú mierumilovné. Dokonca aj levy, ktoré sa nazývajú kráľmi zvierat, nie sú agresívne, ale mierumilovné a ich zlaté kožušiny sú veľmi krasne. V nebi sa môžete rozprávať aj so zvieratami. Len si predstavte, ako si užívate krásu úžasnej prírody tejto širokej pláne jazdou na levoch alebo slonoch. Toto nie je niečo, čo sa nachádza len v rozprávkach, ale je to výsada dávaná ľuďom, ktorí sú spasení a vstúpia do neba.

Súkromná chata a zlaté kreslo pre oddych

Keďže dom tohto človeka je ako hlavná turistická atrakcia v nebi, aby sa tam zabávali mnohí, Boh dal majiteľovi chatu na súkromné účely. Táto chata je umiestnená na kopci s krásnym výhľadom a je nádherne ozdobená. Do tejto chaty nemôže vstúpiť každý, pretože je pre súkromné použitie. Majiteľ tam odpočíva sám alebo tam príjíma prorokov, ako sú Eliáš, Henoch,

Abrahám a Mojžiš.

Je tam ešte jedna chata z krištáľu. Na rozdiel od ostatných budov je veľmi jasná a transparentná. Ale aj napriek tomu, zvonku nemôžete vidieť dovnútra a vstup je zakázaný. Na streche tejto krištáľovej chaty je rotujúce zlaté kreslo. Keď si tam majiteľ sadne, jediným pohľadom môže vidieť celý dom až za časopriestor. Boh to špeciálne pripravil pre majiteľa, aby mohol cítiť radosť pri pohľade na množstvo ľudí, ktorí navštívia jeho dom alebo si tam jednoducho oddýchol.

Vrch spomienok a cesta rozjímania

Cesta rozjímania, kde po oboch stranách rastú stromy života, je taká pokojná, ako keby sa zastavil čas. S každým krokom majiteľa mu z hĺbky srdca vyviera pokoj a sú mu pripomínané veci z tejto zeme. Ak premýšľa o slnku, mesiaci a hviezdách, nad hlavu mu položia vrstvu pripomínajúcu obrazovku a objavia sa slnko, mesiac a hviezdy. V nebi nie je potrebné svetlo slnka, mesiaca ani hviezd, pretože celé miesto je obklopené svetlom Božej slávy, ale táto vrstva je tam len preto, aby mohol premýšľať o veciach na tejto zemi.

Tiež je tam miesto zvané vrch spomienok a je to ako veľká dedina. Je to miesto, kde si majiteľ môže pripomenúť život na tejto zemi a jeho spomienky budú zhromaždené. Dom, v ktorom sa narodil, chodil do školy, mestá a dediny, v ktorých žil, miesta, kde čelil skúškam, miesto, kde prvýkrát stretol Boha a svätyňa, ktorú postavil po tom, čo sa stal cirkevným vyslancom, sú tu zachované v chronologickom poradí.

Hoci materiály sú samozrejme iné ako na tejto zemi, udalosti z jeho pozemského života sú presne replikované, a tak ľudia môžu živo cítiť stopy jeho pozemského života. Aká obdivuhodná je jemná a nežná Božia láska!

Vodopády a more s ostrovmi

Ako kráčate po ceste rozjímania, v diaľke môžete počuť hlasný a čistý zvuk. Je to zvuk pochádzajúci z mnohofarebného vodopádu. Keď voda vo vodopáde krásne padá, v dolnej časti vodopádu žiaria úžasným jasom krásne drahokamy. Pohľad na prúd vody, ktorá padá z vrchu dolu cez tri úrovne a vteká do rieky vody života, je nádherný. Po oboch stranách vodopádu sú drahokamy, ktoré odrážajú svetlo dvoj- alebo trojnásobne a spolu s prúdom vody žiaria úžasným jasom. Už len pri obyčajnom pohľade sa budete cítiť sviežo a plní energie.

Na vrchole vodopádu je pavilón, z ktorého je úžasný výhľad alebo si tam môžete oddýchnuť. Môžete vidieť nebeský dom v plnej kráse a výhľad je taký veľkolepý a krásny, že sa to nedá dostatočne opísať slovami tohto sveta.

Za hradom je veľké more s ostrovami rôznych veľkostí. Nepoškvrnená a čistá morská voda sa trblietce, ako keby v nej boli rozsypané drahokamy. V čistom mori je krásne vidieť plávať ryby a na morskom dne sú krásne domy jadeitovo-zelenej farby. Na tejto zemi ani ten najbohatší človek nemôže mať dom na morskom dne.

Avšak, pretože nebo je v štvorrozmernom svete, v ktorom je všetko možné, je tam nespočetné množstvo vecí, ktoré nemôžeme pochopiť ani si predstaviť, že existujú.

Gigantická výletná loď ako *Titanic* a krištáľový čln

Na ostrovoch v mori je mnoho druhov divokých kvetov, spevavých vtákov a drahých kameňov na doplnenie ich krásnej scenérie. Tu sa uskutočňujú súťaže v kanoistike alebo surfovaní na prilákanie mnohých nebeských obyvateľov. Na mierne vlniacom sa mori sa plaví loď, ktorá pripomína *Titanic*. Táto loď má mnoho druhov vybavení, ako sú bazény, divadlá a sála na usporiadanie hostín. Ak ste na priehľadnom člne, ktorý je celý vyrobený z krištáľu, máte pocit, že kráčate po mori a v ponorke tvaru rugby lopty môžete cítiť krásu mora pod hladinou.

Boli by sme veľmi šťastní, ak by sme mohli aspoň jeden deň stráviť na lodi ako je *Titanic*, krištáľovom člne alebo v ponorke tvaru rugby lopty! Ale keďže nebo je večné miesto, môžete si naveky vychutnávať všetky tieto veci, ak ste kvalifikovaní na vstup do Nového Jeruzalema.

Mnoho športových a rekreačných zariadení

Sú tam tiež športové a rekreačné zariadenia, ako napríklad, golfové ihriská, kolkové dráhy, bazény, tenisové kurty, volejbalové kurty, basketbalové ihriská, a tak ďalej. Tieto sú dávané ako odmeny, pretože majiteľ sa mohol tešiť z týchto športov na tejto zemi, ale pre Božie kráľovstvo sa ich vzdal a všetok svoj čas venoval len Bohu.

V kolkárni, ktorá je vyrobená zo zlata a drahokamov v tvare kolky, aj gule a kolky sú vyrobené zo zlata a drahokamov. Ľudia hrajú v skupinách po troch až piatich a vzájomným povzbudzovaním zažívajú príjemné chvíle. Na rozdiel od gúľ na tejto zemi, guľa v nebi je ľahká, a tak sa bude po dráhe silne kotúľať, aj keď ju len jemne hodíte. Keď udrie do koliek, začnú svietiť úžasnými svetlami spolu s jasným a krásnym zvukom.

Na golfovom ihrisku, ktoré je postavené na zlatom trávniku, trávnik sa automaticky vyrovná, aby uľahčil pohyb loptičky v priebehu hry. Keď sa trávnik vyrovná ako domino, vyzerá to ako zlatá vlna. V Novom Jeruzaleme dokonca aj trávnik poslúcha srdce majiteľa. Navyše po podaní sa oblak presunie k nohám majiteľa a odnesie ho k ďalšej jamke. Aké je to úžasné a neskutočné!

Aj v bazéne zažívajú ľudia veľa zábavy. Pretože v nebi sa nikto neutopí, dokonca aj tí, ktorí nevedeli plávať na tejto zemi, vedia plávať. Navyše voda nezmáča oblečenie, ale stečie po ňom ako rosa po liste. Ľudia si môžu vychutnať kúpanie kedykoľvek, pretože môžu plávať oblečení.

Jazerá mnohých veľkostí a fontány v záhradách

Vo veľkom a rozľahlom nebeskom dome je mnoho jazier rôznych veľkostí. Keď pestrofarebné ryby v jazerách mávajú plutvami, vyzerá to, ako keby tancovali na potešenie Božích detí a nahlas im vyznávali lásku. Tiež môžete vidieť ako tieto ryby menia farby. Ryby môžu náhle zmeniť svoju farbu na perleťovú, keď zamávajú plutvou striebornej farby.

Tiež je tam veľké množstvo záhrad a každá záhrada má iný názov podľa jej jedinečnej krásy a charakteristík. Krása nemôže byť dostatočne opísaná, pretože Boží dotyk je na každom liste.

Aj fontány sa líšia v závislosti od charakteristík jednotlivých záhrad. Všeobecne platí, že fontány vystrekujú vodu, ale v nebi sú fontány, ktoré striekajú mnohé krásne farby a vône. Sú to nové a vzácne vône, s ktorými ste sa na tejto zemi nestretli, ako napríklad, vôňa vytrvalosti, ktorú môžete cítiť z perly, vôňa úsilia a vášne sardionu, vôňa sebaobetovania a vernosti, a mnoho ďalších vôní. V strede fontány, odkiaľ strieka voda, sú nápisy a nákresy, ktoré vysvetľujú význam každej fontány a dôvod jej postavenia.

Okrem tohto je v tomto dome, ktorý je taký veľký ako hrad, mnoho ďalších budov a špeciálnych miest. Je to veľká škoda, že všetko toto vybavenie nemôže byť podrobne opísané. Dôležité je to, že nič nie je dané bezdôvodne, ale všetko je odmeňované len podľa toho, do akej miery človek pracoval pre Božie kráľovstvo a spravodlivosť na tejto zemi.

Vaša odmena v nebi je veľká

Musíte si uvedomiť, že tento nebeský dom je príliš obrovský a úžasný, aby ste si ho dokázali predstaviť. V strede je postavený veľký hrad s úplným súkromím a okolo neho je mnoho iných budov a zariadení spolu s veľkými záhradami, ktoré ich obklopujú. Tento dom je ako turistické miesto v nebi. Pravdepodobne ste veľmi prekvapení z toho, že tento dom nepredstaviteľnej veľkosti je pripravený Bohom pre jediného človeka, ktorý je kultivovaný na tejto zemi.

Prečo teda Boh pripravil nebeský dom, ktorý je taký veľký ako veľké mesto? Prečítajme si Mt 5, 11-12:

Blahoslavení ste, keď vás budú pre mňa potupovať a prenasledovať a všetko zlé na vás nepravdivo hovoriť;

radujte sa a jasajte, lebo máte hojnú odmenu v nebi.
Tak prenasledovali aj prorokov, ktorí boli pred vami.

Ako veľmi trpel apoštol Pavol pri dosahovaní Božieho kráľovstva? Pavol trpel nevýslovným utrpením a prenasledovaním, keď pohanom kázať o Ježišovi Spasiteľovi. V 2 Kor 11, 23 a ďalej, môžeme vidieť, ako tvrdo pracoval pre Božie kráľovstvo. Pavol bol pre kázanie evanjelia mnohokrát uväznený, zbitý alebo v nebezpečenstve smrti.

Napriek tomu sa Pavol nikdy nesťažoval ani nevzpieral, ale radoval sa a bol šťastný, tak ako mu to prikazovalo Božie Slovo. Konieckoncov, skrze Pavla sa otvorili dvere svetovej misie pre pohanov. Preto Pavol vstúpil do Nového Jeruzalema a získal česť, ktorá v Novom Jeruzaleme žiari ako slnko.

Boh veľmi miluje tých ľudí, ktorí vytrvalo pracujú a sú verní až na smrť, žehná ich a v nebi odmeňuje mnohými vecami.

Nový Jeruzalem nie je vyhradený pre konkrétnu osobu. Ale môže tam vstúpiť a naveky žiť každý, kto si posvätí srdce, aby sa podobal Božiemu srdcu a vášnivo splní všetky povinnosti.

V mene Pána Ježiša Krista sa modlím, aby ste sa podobali Božiemu srdcu prostredníctvom vrúcnych modlitieb a Božieho Slova a úplne splnili povinnosti, aby ste vstúpili do Nového Jeruzalema a pred Bohom v slzách vyznali: „Som veľmi vďačný za úžasnú lásku Otca."

Kapitola 9

Prvá hostina v Novom Jeruzaleme

*„ Kto by teda zrušil jediné z týchto
prikázaní, čo aj najmenšie, a tak
by učil ľudí, bude v Nebeskom
kráľovstve najmenší. Ale kto ich
zachová a tak bude aj učiť, ten bude
v nebeskom kráľovstve veľký. "*

- Mt 5, 19 -

V svätom meste, Novom Jeruzaleme, je Boží trón. Okrem nespočetného množstva ľudí, ktorí sú kultivovaní na tejto zemi, naveky tu budú prebývať aj tí, ktorí majú čisté a krásne srdce ako krištáľ. Život v Novom Jeruzaleme s Trojjediným Bohom je plný nepredstaviteľnej lásky, emócií, šťastia a radosti. Ľudia sa tešia z nekonečného šťastia, zúčastňujú sa na bohoslužbách a hostinách a s ostatnými ľuďmi vedú láskyplné rozhovory.

Ak sa zúčastnite hostiny v Novom Jeruzaleme, ktorej hostiteľom je samotný Boh Otec, môžete vidieť predstavenia a zdieľať lásku s nespočetným množstvom ľudí z rôznych príbytkov v nebi.

Trojjediný Boh, ktorý po dlhom čakaní dokončil kultiváciu človeka, raduje sa a Je šťastný pri pohľade na Jeho milované deti.

Boh lásky mi podrobne zjavil život v Novom Jeruzaleme, ktorý je plný emócií nad ľudské chápanie. Dokázal som prekonať zlo dobrom a milovať nepriateľov, aj keď som bezdôvodne trpel, len preto, lebo moje srdce je plné nádeje na Nový Jeruzalem.

Teraz sa poďme ponoriť do toho, akým požehnaním je „dosiahnuť Božie srdce“, ktoré je také jasné a krásne ako krištáľ, prostredníctvom scény z prvej hostiny, ktorá sa bude konať v Novom Jeruzaleme.

1. Prvá hostina v Novom Jeruzaleme

Rovnako ako na zemi, aj v nebi sú hostiny. Skrze ne môžeme celkom dobre pochopiť radosť nebeského života. Budú tam čestné miesta, odkiaľ môžeme na prvý pohľad vidieť bohatstvo a krásu neba a tešiť sa z nich. Rovnako ako sa ľudia na tejto zemi ozdobia najkrajšími vecami a jedia, pijú a vychutnávajú si najlepšie jedlá na hostine usporiadanej prezidentom krajiny, keď sa hostina koná v nebi, je plná krásneho tanca, spevu a šťastia.

Krásny zvuk chvál doliehajúci zo siene

Slávnostná sieň Nového Jeruzalema je neskutočne obrovská a veľká. Ak prejdete vchodom a vstúpite do miestnosti, v ktorej nedovidíte z jedného konca na druhý, krásny zvuk nebeskej hudby prispieva už k beztak silným emóciam.

Podivuhodné je svetlo,
ktoré tu bolo ešte pred začiatkom vekov.
On pôvodným svetlom
ožiari všetko.
On dal život Jeho Synom
a stvoril anjelov.

Jeho sláva siaha vysoko
nad nebo a zem
a je veľkolepá.
Krásna je Jeho milosť,
ktorú dáva On sám.
On otvoril Jeho srdce
a stvoril svet.
Chváľte Jeho veľkú lásku malými perami.
Chváľte Pána,

ktorý prijíma chválu a raduje sa.
Vyvýšte Jeho sväté meno
a chváľte Ho naveky.
Jeho svetlo je úžasné
a hodné chvály.

Jasný a elegantný zvuk hudby preniká do ducha a spôsobuje vzrušenie a taký pokoj ako dieťa cíti v lone matky.

Veľká brána slávnostnej siene, ktorá má farbu bieleho drahokamu, je ozdobená nebeskými kvetmi mnohých tvarov a farieb a je na nej vyrytý krásny vzor. Môžete vidieť, že pre Jeho deti Boh Otec nežnou láskou pripravil všetko do najmenších detailov v každom kúte Nového Jeruzalema.

Prechod bránou farby bieleho drahokamu

Nespočetné množstvo ľudí v rade prejde krásnou, veľkou bránou slávnostnej siene a tí, ktorí v Novom Jeruzaleme prebývajú, vstúpia ako prví. Na hlavách budú mať zlaté vence, ktoré sú vyššie ako vence v iných príbytkoch a žiaria jemným a krásnym jasom. Ľudia budú mať oblečené jasne žiariace, jednodielne biele šaty. Materiál je ľahký a mäkký ako hodváb, aby jemne povieval.

Šaty, ktoré sú ozdobené zlatom alebo inými druhmi drahokamov, okolo krku a na rukávoch majú žiariace výšivky z drahokamov. Podľa odmien človeka sa líšia aj druhy drahokamov a vzorov. Krása a česť obyvateľov Nového Jeruzalema je úplne iná ako v ostatných nebeských príbytkoch.

Na rozdiel od ľudí žijúcich v Novom Jeruzaleme, ľudia v

iných nebeských príbytkoch musia prejsť procesom, aby sa mohli zúčastniť na hostine v Novom Jeruzaleme. Ľudia z tretieho, druhého a prvého nebeského kráľovstva alebo z raja sa musia prezliecť do špeciálnych šiat, aby mohli vstúpiť do Nového Jeruzalema. Keďže žiara nebeských tiel sa líši v závislosti od príbytkov, z ktorých ľudia prichádzajú, musia si požičať vhodné oblečenie na návštevu príbytkov na vyššej úrovni.

To je dôvod, prečo je tam oddelený priestor na prezliekanie. V Novom Jeruzaleme je mnoho šiat a ľuďom pri prezliekaní pomáhajú anjeli. Ale ľudia z raja, aj keď je ich málo, musia sa prezliecť sami bez pomoci anjelov. Prezlečú sa do šiat Nového Jeruzalema a sú hlboko dojatí slávou týchto šiat. Cítia sa zahanbení, pretože majú na sebe šaty, na ktoré v skutočnosti nemajú nárok.

Ľudia z tretieho, druhého a prvého nebeského kráľovstva a z raja musia zmeniť oblečenie a anjelom pri vchode do slávnostnej siene ukázať pozvánku.

Veľká a úžasná slávnostná sieň

Keď ste do slávnostnej siene doprevádzaní anjelmi, ste premožení úžasnými svetlami, vznešenosťou a veľkoleposťou slávnostnej siene. Podlaha siene žiari farbou bieleho drahokamu bez jedinej škvrny a špiny. V sieni je po oboch stranách mnoho stĺpov. Okrúhle stĺpy sú priezračné ako sklo a interiér zdobí mnoho druhov drahokamov, ktoré zvýrazňujú túto jedinečnú krásu. Kytica kvetov visí na každom stĺpe, čo len pridáva na nálade a kvalite hostiny.

Akí by ste boli šťastní a ohromení, keby ste boli pozvaní do tejto siene, ktorá je stvorená z bieleho mramoru a nádherne žiariaceho krištáľu! Aká krásna a úžasná bude táto nebeská slávnostná sieň, ktorá je vyrobená z mnohých druhov nebeských drahokamov!

V prednej časti slávnostnej siene Nového Jeruzalema sú dve pódia, ktoré vo vás vyvolávajú slávnostný pocit, ako keby ste sa vrátili v čase a zúčastnili sa na korunovácii cisára. V strede horného pódia je veľký trón farby bieleho drahokamu, ktorý je pre Boha Otca. Po pravej strane tohto trónu je trón Pána a po ľavej strane je trón čestného hosťa prvej hostiny. Tieto tróny sú osvietené úžasnými svetlami a sú veľmi vysoké a veľkolepé. Na nižšom pódiu sú miesta pre prorokov, ktoré sú rozdelené podľa nebeskej hodnosti na vyjadrenie vznešenosti Boha Otca.

Táto slávnostná sieň je dostatočne veľká na to, aby sa tam zmestilo nespočetné množstvo pozvaných nebeských príslušníkov. Na jednej strane slávnostnej siene je nebeský orchester, dirigentom ktorého je archanjel. Tento orchester hrá nebeskú hudbu, aby zvýšil radosť a šťastie nielen počas hostiny, ale aj pred jej začiatkom.

Byť usadený pod vedením anjelov

Tí, ktorí vstúpili do slávnostnej siene, anjelmi sú odvedení na vopred určené miesta. Ľudia z Nového Jeruzalema sedia vpredu, za nimi sedia ľudia z tretieho, druhého a prvého nebeského kráľovstva a z raja.

Aj ľudia z tretieho nebeského kráľovstva majú na hlavách vence, ktoré sú však úplne iné ako vence v Novom Jeruzaleme. Na pravú stranu venca nakreslia krúžok, aby boli odlíšení od ľudí z Nového Jeruzalema. Ľudia z druhého a prvého nebeského kráľovstva musia nakresliť krúžok na ľavú stranu hrudi, aby sa automaticky odlíšili od ľudí z tretieho nebeského kráľovstva a Nového Jeruzalema. Aj ľudia z druhého a prvého nebeského kráľovstva majú vence. Len ľudia z raja nemajú žiadne vence.

Tí, ktorí sú pozvaní na hostinu v Novom Jeruzaleme, posadia sa na svoje miesta a čakajú na príchod Boha Otca, hostiteľa tejto hostiny, so vzrušenou mysľou si upravujú šaty, a tak ďalej. Keď zaznie zvuk trúbky, ktorý signalizuje príchod Otca, všetci ľudia v slávnostnej sieni povstanú, aby privítali hostiteľa. Aj tí, ktorí nie sú pozvaní na hostinu, môžu sa zúčastniť tejto udalosti prostredníctvom priamych vysielacích zariadení v príbytkoch po celom nebi.

Otec do siene prichádza za zvuku trúbky

Pri zvuku trúbky mnoho archanjelov, ktorí sprevádzajú Boha Otca, vstúpia do siene ako prví, a potom nasledujú Jeho milovaní predkovia viery. Teraz sú všetci a všetko pripravené privítať Boha Otca. Ľudia sledujúci túto scénu ešte viac túžia vidieť Otca a Pána a uprene hľadia dopredu.

Napokon, s úžasným a nádherným svetlom vstúpi Boh Otec. Jeho príchod je veľkolepý a dôstojný, ale zároveň veľmi jemný a svätý. Jeho jemne povievajúce vlasy žiaria zlatým odtieňom a z Jeho tváre a celého tela vychádza taká jasná žiara, že ľudia nedokážu ani oči poriadne otvoriť.

Keď Boh Otec príde k trónu, nebeský zástup, anjeli, proroci, ktorí čakali na pódiu a všetci ľudia v slávnostnej sieni, sklonia hlavu na znak úcty. Je to obrovská česť osobne vidieť Boha Otca,

Stvoriteľa a vládcu všetkého ako jeho stvorenie. Bude to veľmi radostné a emocionálne! Avšak, nie všetci hostia Ho môžu vidieť. Kvôli úžasnému svetlu ľudia z raja, prvého a druhého nebeského kráľovstva nedokážu zdvihnúť hlavu. Iba prelievajú slzy radosti a emócií z vďačnosti za to, že sa vôbec mohli zúčastniť na tejto hostine.

Pán predstavuje čestného hosťa

Keď už Boh Otec sedí na svojom tróne, v sprievode krásneho a elegantného archanjela vstúpi Pán. Na hlave má vysokú a nádhernú korunu a žiarivý, biely dlhý plášť. Vyzerá dôstojne a je plný veľkoleposti. Pán sa pred Bohom Otcom zdvorilo ukloní ako prvý, anjeli, proroci a ostatní ľudia Mu vzdajú úctu a On sa na nich usmeje. Boh Otec, ktorý sedí na tróne, je veľmi potešený pri pohľade na všetkých ľudí, ktorí na hostinu prišli.

Pán ide na pódium a predstaví čestného hosťa tejto prvej hostiny, a podrobne vyrozpráva všetko o jeho službe, ktorá Mu pomohla ukončiť kultiváciu človeka. Niektorí z ľudí sú zvedaví, kto to je a tí, ktorí už o ňom vedia, s veľkým očakávaním dávajú pozor.

Nakoniec Pán ukončí prejav vysvetlením, ako veľmi tento človek miloval Boha Otca, ako veľmi sa snažil zachrániť mnoho duší a ako úplne splnil Božiu vôľu. Potom je Boh Otec premožený radosťou a vstane privítať čestného hosťa tak, ako otec víta syna pri úspešnom návrate domov alebo ako kráľ prijíma generála, ktorý zvíťazil. V slávnostnej sieni, ktorá je plná očakávania a chvenia, ešte raz zaznie trúbka a potom vstúpi nádherne žiariaci čestný hosť.

Na hlave má vysoký a veľkolepý veniec a dlhý biely plášť rovnaký ako Pánov. On tiež vyzerá dôstojne, ale z jeho tváre, ktorá sa podobá Bohu Otcovi, ľudia môžu cítiť jemnosť a milosrdenstvo.

Keď na prvú hostinu vstúpi čestný hosť, ľudia sa postavia a začnú tlieskať rukami zdvihnutými nad hlavami, ako keby chceli vytvoriť vlnu. Navzájom sa objímajúc, obracajú sa dookola a radujú sa s ostatnými ľuďmi. Napríklad, keď na majstrovstvách sveta v záverečnom zápase lopta prejde popri brankárovi a priniesie víťazstvo, všetci ľudia víťaznej krajiny, či už priamo na zápase, alebo pri televíznych obrazovkách doma, tešia sa a tlieskajú, navzájom sa objímajú, podávajú si ruky, a tak ďalej. A podobne aj slávnostná sieň v Novom Jeruzaleme je plná kriku a radosti.

2. Proroci na prvých miestach v nebi

Čo konkrétne teda máme urobiť, aby sme sa stali obyvateľmi Nového Jeruzalema a zúčastnili sa na prvej hostine? Máme nielen prijať Ježiša Krista a dostať Ducha Svätého ako dar, ale aj prinášať deväť ovocí Ducha Svätého a pripodobniť sa Božiemu srdcu, ktoré je jasné a krásne ako krištáľ. V nebi je poradie určené podľa miery, do akej sa každý človek posvätil, aby sa podobal Božiemu srdcu.

A preto aj na prvú hostinu v Novom Jeruzaleme proroci vstupujú podľa nebeskej pozície, keď do siene prichádza Boh Otec. Čím sú proroci a predkovia viery na vyššej pozícii, tým bližšie k Božiemu trónu stoja. A pretože nebo je riadené na základe pozícií, vieme, že musíme pripomínať Božie srdce, aby sme mohli byť bližšie pri Jeho tróne.

Teraz sa prostredníctvom života prorokov na prvých miestach v nebi pozrieme na druh srdca, ktoré je jasné a krásne ako krištáľ, ako je Božie srdce, a ako Ho môžeme úplne napodobniť.

Eliáš bol prenesený bez toho, aby videl smrť

Zo všetkých ľudských bytostí kultivovaných na tejto zemi, najvyššiu pozíciu má Eliáš. Prostredníctvom Biblie môžete vidieť, že každý aspekt Eliášovho života svedčil o živom Bohu, jedinom pravom Bohu. Bol prorokom v dobe kráľa Achaba v severnom Izraelskom kráľovstve, kde bolo modloslužobníctvo veľmi rozšírené. Postavil sa proti osemstopäťdesiatim prorokom, ktorí uctievali modly a zoslal na nich oheň z neba. Eliáš tiež vymodlil prudký dážď po tri a pol roku sucha.

> *Eliáš bol krehký človek ako my a keď sa naliehavo modlil, aby nepršalo, nepršalo na zemi tri roky a šesť mesiacov. A znova sa modlil a nebo dalo dážď a zem vydala svoj plod* (Jak 5, 17-18).

Navyše, vďaka Eliášovi vystačila hrsť múky a trochu oleja v krčahu, až kým hladomor neskončil. On oživil mŕtveho syna vdovy a rozdeliť rieku Jordán. Nakoniec bol odnesený vo víchrici rovno do neba (2 Kr 2, 11).

Ako je teda možné, že Eliáš, ktorý bol rovnakým človekom ako sme my, mohol vykonávať mocné Božie skutky a vyhnúť sa dokonca aj smrti? Bolo to preto, lebo dosiahol srdce, ktoré je také čisté a krásne ako krištáľ, a skrze mnohých skúšok počas života podobal sa Bohu. Eliáš úplne veril Bohu v akejkoľvek situácii a vždy Ho poslúchol.

Keď Boh prikázal, prorok išiel pred kráľa Achaba, ktorý sa ho pokúšal zabiť a pred mnohými ľuďmi vyhlásil, že Boh je jediný pravý Boh. To je dôvod, prečo a ako dostal Božiu moc, vykonal mnoho Božích mocných diel, aby Boha úžasne oslávil a naveky získal česť a slávu.

Henoch chodil s Bohom tristo rokov

Ako to bolo v prípade Henocha? Podobne ako Eliáš, aj Henoch bol vzatý do neba bez toho, aby videl smrť. Aj keď o ňom Biblia veľa nepíše, môžeme vycítiť, ako veľmi pripomínal Božie srdce.

> *Keď mal Henoch šesťdesiatpäť rokov, narodil sa mu Matuzalem. A Henoch chodil s Bohom. Po Matuzalemovom narodení žil ešte tristo rokov a narodili sa mu synovia a dcéry. Všetkých Henochových dní bolo tristošesťdesiatpäť rokov. Henoch chodil s Bohom a nebolo ho, lebo Boh ho vzal* (Gn 5, 21-24).

Henoch začal s Bohom chodiť, keď mal šesťdesiatpäť rokov. V Božích očiach bol veľmi krásny, pretože napodobnil Božie srdce. Boh s ním hlboko komunikoval, chodil s ním tristo rokov a zaživa ho vzal do neba, aby ho mal blízko pri sebe. Tu „chodiť s Bohom" znamená, že Boh je s človekom vo všetkom. S Henochom bol Boh tri storočia, kdekoľvek šiel.

Ak idete na výlet, s akým druhom človeka by ste chceli ísť? Cesta bude príjemná, ak na výlet pôjdete s človekom, s ktorým máte rovnaký názor. Z rovnakého dôvodu si uvedomíme, že Henoch bol s Bohom v srdci jedno, a preto s Ním mohol chodiť.

Pretože Boh je v podstate svetlo, dobrota a láska, aby sme mohli chodiť s Bohom, nesmieme mať v sebe žiadnu tmu, ale pretekať dobrotou a láskou. Henoch bol svätý, aj keď žil v hriešnom svete a doručoval Božiu vôľu ľudu (Jdt 1, 14). Biblia nehovorí, že dosiahol niečo veľké alebo vykonal niečo mimoriadne. Ale pretože sa Henoch hlboko v srdci Boha bál, vyhýbal sa zlu a žil svätým životom, aby s Ním mohol chodiť. A Boh si ho vzal, aby s Ním bol skôr.

Hebr 11, 5 hovorí: *„Vierou bol Henoch prenesený, aby neuzrel smrť; nenašli ho, lebo Boh ho preniesol. Ešte pred prenesením si získal svedectvo, že sa páči Bohu."* A preto, Henoch, ktorý mal druh viery, ktorá sa páčila Bohu, bol požehnaný vždy chodiť s Bohom, bol vzatý do neba bez toho, aby videl smrť a v nebi je na druhom mieste.

Abrahám bol nazvaný priateľom Božím

Aké krásne srdce musel mať Abrahám, keďže bol nazvaný priateľom Boha a je na treťom mieste v nebi?

Abrahám plne dôveroval Bohu a úplne Ho poslúchal. Keď podľa Božieho príkazu opustil rodnú krajinu, nepoznal cieľ, ale v poslušnosti opustil rodné mesto a hospodárske zázemie. Navyše, keď mu Boh prikázal obetovať jediného syna Izáka, ktorý sa mu narodil, keď mal 100 rokov, ako zápalnú obetu, okamžite poslúchol. Veril Bohu, ktorý Je dobrý a mocný, a ktorý môže vzkriesiť mŕtvych.

Abrahám nebol vôbec sebecký. Napríklad, keď jeho majetok a majetok jeho synovca Lota bol taký veľký, že už nemohli žiť spolu na jednom mieste, Abrahám nechal ako prvého rozhodnúť Lota, hovoriac: *„Nech nie sú rozbroje medzi mnou a tebou, medzi mojimi pastiermi a tvojimi pastiermi; sme predsa bratia! Či nie je pred tebou celá krajina?! Preto sa, prosím, odlúč odo mňa! Ak ty pôjdeš naľavo, ja pôjdem napravo, ak ty napravo, ja pôjdem naľavo!“* (Gn 13, 8-9)

Raz sa zjednotilo mnoho kráľov, napadli Sodomu a Gomoru a vzali všetok tovar a potraviny, rovnako ako aj jeho synovca Lota, ktorý žil v Sodome. Abrahám potom vzal tristoosemnásť mužov, ktorý boli narodení a cvičení v jeho domácnosti, prenasledoval kráľov a získal späť tovar a potraviny. Kráľ Sodomy chcel dať Abrahámovi niečo z ukradnutého tovaru ako prejav vďačnosti, ale Abrahám odmietol. Abrahám to urobil preto, aby dokázal, že všetko jeho požehnanie pochádza len od Boha. Abrahám s vierou poslúchol Božiu slávu so srdcom, ktoré je také čisté a krásne ako krištáľ. To je dôvod, prečo ho Boh hojne požehnal na tejto zemi, rovnako ako aj v nebi.

Mojžiš – vodca Exodusu

Aké srdce mal Mojžiš, vodca Exodusu, keďže je na štvrtom mieste v nebi? Nm 12, 3 nám hovorí: *„Kým Mojžiš bol veľmi tichý muž, (tichší) ako všetci ostatní ľudia na svete.“*

V Jdt je scéna, v ktorej sa archanjel Michal háda s diablom o Mojžišovo telo. To bolo preto, lebo Mojžiš bol kvalifikovaný ísť do neba bez toho, aby videl smrť. Keď bol Mojžiš egyptským princom, zabil Egypťana, ktorý surovo bil Žida. Z tohto dôvodu diabol tvrdil, že Mojžiš musí vidieť smrť.

Ale archanjel Michal protirečil diablovi, hovoriac, že Mojžiš už odhodil všetky hriechy a zlo a mal všetky kvalifikácie ísť priamo do neba. V Mt 17 čítame, že Mojžiš a Eliáš zostúpili z neba, aby sa rozprávali s Ježišom. Z tohto vieme usúdiť, čo sa stalo s telom Mojžiša.

Mojžiš musel kvôli vražde, ktorú spáchal, utiecť z faraónovho paláca. Potom štyridsať rokov pásol na púšti ovce. Prostredníctvom skúšky na púšti sa Mojžiš zbavil hrdosti, túžob a vlastnej spravodlivosti, ktoré mal ako princ vo faraónovom paláci. Až potom ho Boh poveril úlohou vyviesť Izraelitov z Egypta.

Mojžiš, ktorý kedysi zabil človeka a utiekol, musel sa znovu vrátiť k faraónovi a z Egypta vyviesť Izraelitov, ktorí tam boli otrokmi štyristo rokov. Ľudskej mysli sa to zdalo nemožné, ale Mojžiš poslúchol Boha a išiel pred faraóna. Nie každý mohol byť vodcom na vyvedenie miliónov Izraelitov z Egypta a voviesť ich do Kananejskej krajiny.

To je dôvod, prečo Boh najprv štyridsať rokov kultivoval Mojžiša na púšti a urobil z neho veľkú nádobu, ktorá mohla prijať a viesť všetkých Izraelitov. Týmto spôsobom sa prostredníctvom skúšok Mojžiš stal človekom, ktorý Boha poslúchal až na smrti a mohol splniť povinnosť viesť Exodus. Z Biblie môžeme ľahko vidieť, akým veľkým človekom bol Mojžiš.

Tak Mojžiš odišiel opäť k Pánovi a povedal: „Ach, tento ľud sa dopustil veľkej viny, veď si urobil boha zo zlata. A teraz alebo im odpusť ich previnenie, alebo ak nie, vytri ma zo svojej knihy, ktorú si napísal!" (Ex

32, 31-32)

Mojžiš dobre vedel, že vymazanie mena z Pánovej knihy neznamenalo fyzickú smrť. Vedel dobre, že tí, ktorých mená nie sú zapísané v knihe života, budú uvrhnutí do pekelného ohňa a večnej smrti a budú naveky trpieť. Mojžiš bol ochotný prijať večnú smrť za odpustenie hriechov ľudu.

Čo mohol Boh cítiť pri pohľade na Mojžiša? Boh bol ním veľmi potešený, pretože Mojžiš dôkladne rozumel Božiemu srdcu, ktoré nenávidí hriech, a aj napriek tomu chcel zachrániť hriešnikov. Boh vypočul jeho modlitbu. Samotného Mojžiša Boh považoval za cennejšieho ako všetkých Izraelitov, pretože mal srdce, ktoré bolo v Božích očiach spravodlivé a bol rovnako čistý a jasný ako voda života vychádzajúca z Jeho trónu.

Ak by ste mali bezchybný a dokonalý diamant o veľkosti fazule a stovky kameňov o veľkosti päste, čo by vám bolo cennejšie? Nikto by nevymeniť kus diamantu za obyčajné kamene.

Preto pochopením, že hodnota samotného Mojžiša, ktorý dosiahol Božie srdce, bola ďaleko väčšia ako hodnota ľudu Izraela, mali by sme dosiahnuť srdce, ktoré je také čisté a krásne ako krištáľ.

Pavol – apoštol pohanov

Piate miesto v nebi patrí apoštolovi Pavlovi, ktorý svoj život zasvätil evanjelizácii pohanov. Hoci bol Božiemu kráľovstvu s obrovskou vášňou verný až na smrť, v kútiku mysle vždy ľutoval, že kedysi prenasledoval veriacich Ježiša Krista. To je dôvod, prečo v 1 Kor 15, 9 vyznal: *„Veď ja som najmenší z apoštolov. Ba nie* *som hoden volať sa apoštolom, lebo som prenasledoval Božiu cirkev.“*

Ale pretože bol takou dobrou nádobou, Boh si ho vybral, zdokonalil ho a použil ako apoštola pre pohanov. 2 Kor 11, 23 a ďalej, podrobne vysvetľuje mnohé útrapy, ktorými trpel pri kázaní evanjelia a môžeme vidieť, že tak veľmi trpel, že zúfal aj nad životom. Bol bičovaný a mnohokrát uväznený. Päťkrát od Židov dostal štyridsať bez jednej rán bičom, tri razy bol bičovaný prútmi, raz bol kameňovaný, trikrát stroskotal, noc a deň strávil na otvorenom mori, často v bdení, o hlade a smäde, veľa ráz v pôstoch v zime a nahote (2. Kor 11, 23-27).

Pavol tak veľmi trpel, že v 1 Kor 4, 9 vyznal: *„Zdá sa mi, že nám, apoštolom, Boh pridelil posledné miesto ako odsúdeným na smrť, lebo sme sa stali divadlom pre svet, anjelov i ľudí.“*

Prečo teda Boh dopustil toľko utrpenia a prenasledovania na Pavla, ktorý bol verný až na smrť? Boh mohol Pavla ochrániť od všetkých ťažkostí, ale On chcel, aby prostredníctvom týchto ťažkostí Pavol mal srdce také čisté a krásne ako krištáľ. Konieckoncov, apoštol Pavol mohol získať útechu a radosť jedine v Bohu, úplným sebazaprením a úplným napodobnením Krista. V 2 Kor 11, 28 vyznal: *„A okrem toho na mňa deň čo deň dolieha starosť o všetky cirkvi.“*

V Rim 9, 3 tiež vyznal: *„Radšej by som bol ja zavrhnutý od Krista namiesto svojich bratov, mojich príbuzných podľa tela.“* Pavol, ktorý mal tento druh srdca – čistého a krásneho ako krištáľ – nielenže mohol vstúpiť do Nového Jeruzalema, ale aj prebývať v blízkosti Božieho trónu.

3. Krásne ženy v Božích očiach

Už sme sa pozreli na prvú hostinu v Novom Jeruzaleme. Keď do siene vstúpi Boh Otec, za Ním kráča žena. Kráča za Bohom Otcom v bielych šatách, ktoré sa takmer dotýkajú podlahy a sú ozdobené mnohými druhmi drahokamov. Tá žena je Mária Magdaléna. Vzhľadom na okolnosti doby, v ktorej ženská rola na verejnosti bola obmedzená, nemohla urobiť veľa na dosiahnutie Božieho kráľovstva, ale pretože v Božích očiach bola veľmi krásna, mohla vstúpiť do najvzácnejšieho miesta v nebi.

Rovnako ako je v nebi poradie medzi prorokmi podľa toho, do akej miery sa podobajú Božiemu srdcu, aj ženy majú v nebi poradie podľa miery, do akej boli Bohom uznané a milované.

Aký druh života viedli tieto ženy, keďže sú Bohom uznané a milované a v nebi sa stali ľuďmi cti?

Mária Magdaléna stretla vzkrieseného Pána ako prvá

Žena, ktorá je Bohom najviac milovaná, je Mária Magdaléna. Dlhú dobu bola viazaná mocou tmy, ostatní ľudia ňou pohŕdali a opovrhovali a trpela rôznymi chorobami. V jeden z tých ťažkých dní počula správy o Ježišovi, pripravila drahý parfém a išla Mu naproti. Počula, že Ježiš vošiel do domu jedného z farizejov, ale neodvážila sa Mu ísť naproti, aj keď sa s Ním túžila stretnúť. Išla za ním, obmývajúc Mu nohy slzami, utieraním vlasmi a potom rozbila nádobu a vyliala Mu na ne parfém. Z bolestí ochorení bola uzdravená týmto skutkom viery a bola veľmi vďačná. Od tej chvíle milovala Ježiša, nasledovala Ho kdekoľvek šiel a stala sa krásnou ženou, ktorá Mu zasvätila celý svoj život (Lukáš 8, 1-3).

Ježiša nasledovala, aj keď visel na kríži a naposledy vydýchol, aj keď vedela, že jej prítomnosť ju mohla stáť život. Mária prekročila rámec jednoduchého odplácania za milosť, ktorú dostala, nasledovala Ježiša zasvätením všetkého, čo mala, vrátane svojho života.

Mária Magdaléna, ktorá tak veľmi milovala Ježiša, bola prvým človekom, ktorý sa stretol s Pánom po Jeho zmŕtvychvstaní. Stala sa najväčšou ženou v histórii ľudstva, pretože mala také dobré srdce a krásne skutky, ktoré sa dotkli aj Boha.

Panna Mária bola požehnaná porodiť Ježiša

Na druhom mieste medzi najkrajšími ženami v Božích očiach je Panna Mária, ktorá bola požehnaná porodiť Ježiša, Spasiteľa celého ľudstva. Asi pred dvetisíc rokmi Ježiš musel prísť v ľudskom tele, aby vykúpil všetkých ľudí z hriechov. Aby sa to mohlo stať, bola potrebná žena, ktorá bola v Božích očiach hodná. Boh si vybral Máriu, ktorá bola v tej dobe zasnúbená s Jozefom. Boh jej vopred prostredníctvom archanjela Gabriela oznámil, že porodí Ježiša počatého z Ducha Svätého. Máriu nepohltili žiadne ľudské myšlienky, ale odvážne vyznala vieru: *„Hľa, služobnica Pána, nech sa mi stane podľa tvojho slova"* (Lukáš 1, 26-38).

Ak v tej dobe panna otehotnela, nielenže musela byť verejne potupená, ale podľa Mojžišovho zákona aj ukameňovaná na smrť. Ale ona z hĺbky srdca verila, že Bohu nie je nič nemožné a súhlasila, aby sa stalo tak, ako povedal archanjel. Mala dobré srdce poslúchať Božie Slovo, aj keď ju to mohlo stáť život. Aká šťastná a vďačná musela byť, keď porodila Ježiša, alebo keď sledovala ako rastie v Božej moci! To, čo sa stalo Márii –

obyčajnému stvoreniu – bolo úžasným požehnaním.

To je dôvod, prečo bola taká šťastná už len pri pohľade na Ježiša, slúžila Mu a milovala Ho viac ako vlastný život. Týmto spôsobom bola Panna Mária Bohom hojne požehnaná a spomedzi všetkých žien v nebi získala večnú slávu, hneď vedľa Márie Magdalény.

Ester sa pri nasledovaní Božej vôle ničoho nebála

Ester, ktorá statočne s vierou a láskou zachránila svoj ľud, stala sa krásnou ženou v Božích očiach a dosiahla najčestnejšie miesto v nebi.

Potom, čo perszký kráľ Asuer zbavil kráľovnu Vašti kráľovskej pozície, spomedzi mnohých krásnych žien bola vybraná Ester, aby sa stala kráľovnou, aj keď bola Židovka. Kráľom a ľudom bola veľmi milovaná, pretože sa nepredvádzala ani nebola pyšná, ale ozdobila sa čistotou a eleganciou, aj keď už bola veľmi krásna.

Zatiaľ čo mala kráľovskú pozíciu, Židov postihla veľká kríza. Aman z Agagu, ktorý bol kráľom milovaný, rozhneval sa, keď Žid menom Mardochej pred ním nepokľakol a nepreukázal mu rešpekt a úctu. Preto plánoval začať sprisahanie zničiť všetkých Židov v Perzii a dostal povolenie od kráľa, aby tak urobil.

Ester sa za svojich ľudí tri dni postila a rozhodla sa ísť za kráľom (Est 4, 16). Podľa perzského zákona tej doby, ak niekto bez vyzvania predstúpil pred kráľa, musel byť usmrtený, okrem prípadov, kedy k tej osobe kráľ vystrel zlatú barlu. Po trojdňovom pôste sa Ester spoliehala na Boha a so svojím rozhodnutím predstúpila pred kráľa: *„Ak zahyniem, zahyniem.“* Prostredníctvom Božieho zásahu, Aman, ktorý bol za sprihanie zodpovedný, bol zabitý. Ester nielen zachránila svojich ľudí, ale o to viac bola kráľom milovaná.

A teda aj Ester bola uznaná za krásnu ženu a získala slávne miesto v nebi, pretože bola silná v pravde a odvážna vzdať sa aj vlastného života, ak by to bola Božia vôľa.

Rút mala krásne a dobré srdce

Teraz sa ponorme do života Rút, ktorá je tiež uznaná za krásnu ženu v Božích očiach a stala sa jednou z najväčších žien v nebi. Aký druh srdca a skutkov mala Rút, že sa zapáčila Bohu a bola požehnaná?

Moabka Rút sa vydala za Izraelitu, ktorého rodina sa kvôli hladu presťahovala do Moábu. Čoskoro však o manžela prišla. Všetci muži v rodine zomreli veľmi skoro, a tak žila so svokrou Noemi a švagrinou Orfou. Noemi, ktorá sa obávala o ich budúcnosť, navrhla obidvom nevestám, aby sa vrátili k vlastným rodinám. Orfa v slzách opustila Noemi, ale Rút zostala a takto emocionálne vyznala:

Nenaliehaj na mňa, aby som ťa opustila a odvrátila sa od teba: lebo kde pôjdeš ty, pôjdem i ja, kde sa zdržíš, zdržím sa aj ja: tvoj národ sa stane mojím národom a tvoj Boh bude mojím Bohom. Kde ty zomrieš, tam zomriem i ja a tam budem aj pochovaná. Nech mi Pán tak urobí a nech mi tak aj pridá, že len smrť ma odlúči od teba (Rút 1, 16-17).

Keďže Rút mala takéto krásne srdce, nikdy nemyslela na

vlastný prospech, ale nasledovala len dobro, aj keď by jej to mohlo uškodiť. A preto šťastne a verne splnila svoju povinnosť slúžiť svokre.

Skutok Rút slúžiť svokre bol taký krásny, že celá dedina sa dozvedela o vernosti Rút a milovali ju. Nakoniec, s pomocou svokry vydala sa za muža menom Bóz, príbuzného – vykupiteľa. Porodila syna a stala sa prababičkou kráľa Dávida (Rút 4, 13-17). Rút získala požehnanie patriť do Ježišovho rodokmeňa, aj keď bola Židovkou (Mt 1, 5-6) a stala sa jednou z najkrajších žien v nebi, hneď vedľa Ester.

4. Mária Magdaléna
je v blízkosti Božieho trónu

Prečo Boh chce, aby sme sa dozvedeli o prvej hostine v Novom Jeruzaleme a poradí prorokov a žien? Boh lásky nechce len to, aby všetci ľudia získali spasenie a dostali sa do nebeského kráľovstva, chce aj to, aby napodobnili Jeho srdce a mohli tak prebývať v blízkosti Jeho trónu v Novom Jeruzaleme.

Aby sme získali česť byť v blízkosti Božieho trónu v Novom Jeruzaleme, naše srdce sa musí podobať Jeho srdcu, ktoré je také jasné a krásne ako krištáľ. Musíme dosiahnuť také krásne srdce ako dvanásť základných kameňov hradieb Nového Jeruzalema.

Preto sa teraz ponoríme do života Márie Magdalény, ktorá slúži Bohu Otcovi a je v blízkosti Jeho trónu. Keď som sa modlil za „Prednášky Jánovho evanjelia", veľmi podrobne som sa skrze Ducha Svätého dozvedel o živote Márie Magdalény. Boh mi zjavil druh rodiny, do ktorej sa narodila Mária Magdaléna, ako žila a šťastný život, z ktorého sa tešila po stretnutí s Ježišom, naším Spasiteľom. Dúfam, že budete nasledovať jej krásne a dobré srdce za všetko vziať vinu na seba a jej životodarnú lásku k Pánovi, aby ste aj vy mali tú česť prebývať v blízkosti Božieho trónu.

Narodila sa v modloslužobníckej rodine

Dostala meno „Mária Magdaléna", pretože sa narodila v dedine s názvom „Magdalena", ktorá bola plná modloslužobníctva. Jej rodina nebola výnimkou. Prekliatie padlo na jej rodinu v dôsledku závažného modloslužobníctva počas mnohých generácií, a preto čelili mnohým problémom.

Mária Magdaléna, ktorá sa narodila v najhoršej duchovnej situácii, kvôli žalúdočnej poruche nemohla poriadne jesť. Keďže bola často fyzicky slabá, jej telo bolo vystavené všetkým druhom chorôb. Dokonca aj jej periodické krvácanie prestalo, keď bola ešte malá, a tak prišla o významnú funkciu ženy. To je dôvod, prečo vždy zostávala v dome a uponížila sa, ako keby ani nebola prítomná. Avšak, aj napriek tomu, že ňou pohŕdali a chladne zaobchádzali dokonca aj členovia rodiny, nikdy sa na nich nesťažovala. Namiesto toho sa im snažila porozumieť a byť pre nich zdrojom sily, pričom brala vinu na seba. Keď si uvedomila, že im nemôže poskytnúť silu a stala sa im príťažou, opustila ich. Nebolo to z nenávisti alebo odporu za ich týranie, ale len preto, že im nechcela byť príťažou.

Zo všetkých síl sa snažila o to najlepšie, pričom brala všetku vinu na seba

Medzitým stretla muža a snažila sa spoliehať na neho, ale

on bol človekom so zlým srdcom. Rodinu nepodporoval, ale radšej hral hazardné hry. Od Márie Magdalény žiadal, aby mu poskytovala viac peňazí, často na ňu kričal a bil ju.

Mária Magdaléna začala vyšívať a popri tom hľadala stabilnejší zdroj príjmov. Ale pretože bola prirodzene slabá a pracovala celý deň, zoslabla ešte viac a pri každom pohybe sa musela spoliehať na niekoho iného. Hoci svojho muža finančne podporovala, nikdy jej nebol vďačný, nebral na ňu ohľad a ponižoval ju. Mária Magdaléna k nemu necítila nenávisť, ale namiesto toho ľutovala, že kvôli svojmu slabému telu mu nemohla byť väčšou oporou a všetko jeho týranie považovala za spravodlivé.

Keď bola v tejto zúfalej situácii, opustená rodičmi, bratmi a mužom, počula veľmi dobré správy. Počula správy o Ježišovi, ktorý vykonával úžasné zázraky, ako napríklad, že slepí vidia a nemí hovoria. Keď sa Mária Magdaléna dopočula o všetkých týchto veciach, nemala žiadne pochybnosti o znameniach a zázrakoch vykonaných Ježišom, pretože jej srdce bolo veľmi dobré. Namiesto toho mala vieru, že jej slabosť a choroby budú uzdravené, akonáhle sa stretne s Ježišom.

S vierou túžila po stretnutí s Ježišom. Nakoniec sa dopočula, že Ježiš prišiel do jej dediny a bol v dome farizeja menom Šimon.

S vierou vyliala parfém

Mária Magdaléna bola taká šťastná, že za všetky ušetrené peniaze, ktoré dostala za vyšívanie, kúpila parfém. Jej emócie pri stretnutí s Ježišom nemôžu byť dostatočne opísané.

Kvôli jej otrhaným šatám sa jej ľudia snažili zabrániť pristúpiť k Ježišovi, ale v skutočnosti nikto nedokázal zastaviť jej vášeň. Napriek ostrým pohľadom ľudí Mária Magdaléna prišla k Ježišovi, a keď uvidela Jeho nežnú postavu, začala roniť nekonečné slzy.

Neodvážila sa postaviť pred Ježiša, a preto kráčala za ním. Keď bola pri Jeho nohách, vyronila ešte viac sĺz a umyla nimi Jeho nohy. Potom mu ich utrela vlasmi, rozbila nádobu parfému a vyliala ho na ne, pretože On bol pre ňu veľmi vzácny.

Keďže Mária Magdaléna prišla pred Ježiša s veľkou naliehavosťou, boli jej nielen všetky hriechy odpustené a získala spasenie, ale bola uzdravená aj z vnútorných chorôb a kožných ochorení. Všetky časti jej tela začali fungovať opäť normálne a ona začala mať periodické krvácanie. Jej tvár, ktorá kvôli mnohým chorobám vyzerala hrozne, bola naplnená radosťou a šťastím a jej telo, ktoré bolo veľmi slabé, ozdravelo. Opäť získala hodnotu ako žena a už viac nebola pripútaná k moci temnoty.

Nasledovala Ježiša až do konca

Mária Magdaléna zažila niečo, za čo bola vďačnejšia než za vyliečenie. Bola to skutočnosť, že stretla človeka, ktorý ju obdaril nekonečnou láskou, ktorú predtým nikdy od nikoho nedostala. Od tohto okamihu s veľkou radosťou a vďačnosťou venovala všetok svoj čas a vášeň Ježišovi. Pretože jej zdravie bolo obnovené, mohla Ježiša finančne podporovať vyšívaním alebo inou prácou a celým srdcom Ho nasledovať.

Mária Magdaléna nielen Ježiša nasledovala, keď konal znamenia a zázraky a silnými posostvami menil životy mnohých ľudí, ale bola s ním aj vtedy, keď trpel pod rímskymi vojakmi a niesol kríž. Bola tam aj vtedy, keď Ježiš visel na kríži. Aj keď ju to mohlo stáť život, Mária Magdaléna išla až na Golgotu nasledujúc Ježiša, ktorý niesol kríž.

Čo asi cítila, keď Ježiš, ktorého vrúcne milovala, trpel takou ukrutnou bolesťou a vylial všetku vodu a krv?

Pane, čo mám robiť,
čo mám robiť?
Pane, ako môžem žiť?
Ako môžem bez Teba žiť, Pane?
...

Ak by som mohla pozbierať krv,
ktorú si vylial,
Ak by som mohla vziať všetku bolesť,
ktorou trpíš.
...

Pane,
nemôžem bez Teba žiť.
Môžem žiť
iba s Tebou.

Mária Magdaléna nespustila z Ježiša zrak, až kým poslednýkrát nevydýchol a pokúsila sa vryť lesk Jeho očí a Jeho tváre hlboko do vnútra jej srdca. Navyše, hľadela na Ježiša až do poslednej chvíle a nasledovala Jozefa z Arimatie, ktorý vložil Ježišovo telo do hrobu.

Za úsvitu svedkom vzkrieseného Pána

Mária Magdaléna počkala, kým skončí sobota a na úsvite prvého dňa po sobote išla k hrobu, aby navoňala Ježišovo telo. Jeho telo však nemohla nájsť. Bola z toho hlboko zarmútená a plakala a vtedy sa jej zjavil vzkriesený Pán. Ona mala tú česť stretnúť vzkrieseného Pána ako prvá.

Dokonca ani po tom, čo Ježiš zomrel na kríži, nemohla tomu uveriť. Ježiš jej bol všetkým a ona Ho veľmi milovala. Aká šťastná musela byť, keď stretla vzkrieseného Pána v takej krajnej situácii! V dôsledku silných emócií nemohla prestať roniť slzy. Na prvý pohľad Pána nespoznala, až keď ju nežne oslovil „Mária." V Jn 20, 17 jej vzkriesený Pán hovorí: *„Už ma nedrž, veď som ešte nevystúpil k Otcovi; ale choď k mojim bratom a povedz im: Vystupujem k môjmu Otcovi a vášmu Otcovi, k môjmu Bohu a vášmu Bohu."* Pretože Pán Máriu Magdalénu veľmi miloval, predtým, než sa po vzkriesení stretol s Otcom, ukázal sa jej.

Priniesla posolstvo o Ježišovom vzkriesení

Viete si predstaviť, aká nekontrolovateľne šťastná musela byť Mária Magdaléna, keď sa stretla so vzkrieseným Pánom, ktorého tak veľmi milovala? Vyznala, že chce naveky zostať s Pánom. Pán poznal jej srdce, ale vysvetlil jej, že s Ním teraz nemôže zostať a dal jej poslanie. Mala učeníkom doručiť posolstvo o Jeho vzkriesení, pretože ich myseľ potrebovala byť upokojená a utešená po šoku z ukrižovania Ježiša.

V Jn 20, 18 vidíme: *„Mária Magdaléna išla a zvestovala učeníkom: „Videla som Pána," a že jej toto povedal."*

Skutočnosť, že Mária Magdaléna bola svedkom vzkrieseného Pána ako prvá a doniesla učeníkom posolstvo, nebola náhoda. Bol to výsledok jej oddanosti a služby Pánovi s vášnivou láskou k Nemu.

Ak by sa Pilát opýtal, kto by chcel byť ukrižovaný namiesto Ježiša, bola by prvá, ktorá by povedala „Áno" a predstúpila by pred neho; Mária Magdaléna milovala Ježiša viac ako vlastný život a s úplnou oddanosťou Mu slúžila.

Česť slúžiť Bohu Otcovi

Boh bol veľmi spokojný s Máriou Magdalénou, ktorá v srdci mala len dobro a žiadne zlo a mala úplnú duchovnú lásku. Mária Magdaléna od prvého stretnutia Ježiša milovala nemennou a pravou láskou. Boh Otec, ktorý prijal jej dobré a krásne srdce, chcel, aby bola blízko pri Ňom a chcel cítiť dobrú a krásnu vôňu jej srdca. Preto, keď prišiel čas, dovolil, aby Mária Magdaléna získala slávu slúžiť Mu, a dokonca, dotknúť sa Jeho trónu.

Čo si Boh Otec najviac želá, je získať pravé deti, s ktorými sa môže naveky deliť o pravú lásku. To je dôvod, prečo naplánoval kultiváciu človeka, sám seba sformoval do Najsvätejšej Trojice, už veľmi, veľmi dlhú dobu čaká a je trpezlivý s ľuďmi na tejto zemi.

Keď už budú príbytky v nebi pripravené, Pán sa zjaví vo vzduchu a usporiada svadobnú hostinu pre Jeho nevesty. Potom s Ním budú vládnuť tisíc rokov a dovedie ich do nebeských príbytkov. S Trojjediným Bohom budeme naveky žiť v nekonečnom šťastí a radosti v nebi, ktoré je také jasné, čisté a krásne ako krištáľ a je plné Božej slávy. Akí šťastní sú tí, ktorí vstúpia do Nového Jeruzalema, pretože sa s Bohom stretnú tvárou v tvár a naveky s Ním budú prebývať!

Pred dvetisíc rokmi sa Ježiš spýtal: „*Ale nájde Syn človeka vieru na zemi, keď príde?*" (Lk 18, 8) Dnes je veľmi ťažké nájsť pravú vieru.

Apoštol Pavol, ktorý viedol misiu hlásania evanjelia pohanom, krátko pred smrťou napísal list Timotejovi, jeho duchovnému synovi, ktorý tiež trpel heretickými divíziami a prenasledovaním proti kresťanom.

Zaprisahávam ťa pred Bohom a Kristom Ježišom, ktorý bude súdiť živých i mŕtvych, pre jeho príchod a jeho kráľovstvo: Hlásaj slovo, naliehaj vhod i nevhod, usvedčuj, karhaj a povzbudzuj so všetkou trpezlivosťou a múdrosťou. Lebo príde čas, keď neznesú zdravé učenie, ale nazháňajú si učiteľov podľa svojich chúťok, aby im šteklili uši. Odvrátia sluch od pravdy a obrátia sa k bájkam. Ty však buď vo všetkom triezvy, znášaj útrapy, konaj dielo evanjelistu, plň svoju službu. Lebo ja mám vyliať svoju krv na obetu, nastáva čas môjho odchodu. Dobrý boj som bojoval, beh som dokončil, vieru som zachoval. Už mám pripravený veniec spravodlivosti, ktorý mi v onen deň dá Pán, spravodlivý sudca; a nielen mne, ale aj všetkým, čo milujú jeho príchod (2 Tim 4, 1-8).

Ak dúfate v nebo a túžite po Pánovom príchode, musíte sa snažiť žiť podľa Božieho Slova a bojovať dobrý boj. Apoštol Pavol sa vždy radoval, aj keď pri šírení dobrých správ veľa trpel.

Preto si aj my musíme posvätiť naše srdcia a plniť všetky povinnosti viac, ako len to, čo sa od nás očakáva, aby sme sa zapáčili Bohu a mohli sa s Ním naveky deliť o pravú lásku prebývaním v blízkosti Božieho trónu.

„Môj Pane,
ktorý prichádzaš
na oblakoch slávy,
túžim po dni,
keď ma objímeš!
Pri Tvojom slávnom tróne,
naveky sa budeme deliť o lásku,
o ktorú sme sa nemohli deliť na zemi
a spoločne spomínať na minulosť.
Ach! Keď ma Pán zavolá,
do nebeského kráľovstva
vstúpim tancom!
Ach, nebeské kráľovstvo!“

Autor:
Dr. Jaerock Lee

Dr Jaerock Lee sa narodil v roku 1943 v Muane v Jeonnamskej provincii v Kórejskej republike. V jeho dvadsiatich rokoch sedem rokov trpel mnohými nevyliečiteľnými chorobami a bez nádeje na uzdravenie čakal na smrť. Jedného dňa, na jar v roku 1974, ho sestra zobrala do kostola, a keď pokľakol k modlitbe, živý Boh ho ihneď uzdravil zo všetkých chorôb.

Odkedy Dr Lee stretol živého Boha prostredníctvom tejto úžasnej skúsenosti, celým svojím srdcom Ho úprimne miluje. V roku 1978 bol povolaný, aby sa stal Božím služobníkom. Vrúcne sa modlil, aby mohol jasne pochopiť Božiu vôľu, úplne ju splniť a dodržiavať celé Božie slovo. V roku 1982 založil Manminskú centrálnu cirkev v Soule v Kórei. V jeho cirkvi sa uskutočňuje nespočetné množstvo Božích skutkov, vrátane zázračných uzdravení a znamení.

V roku 1986 bol Dr Lee vysvätený za pastora na výročnom zhromaždení Ježišovej Sungkyulskej cirkvi v Kórei a o štyri roky neskôr, v roku 1990, začali vysielať jeho kázne v Austrálii, v Rusku, na Filipínach a v mnohých ďalších krajinách prostredníctvom rozhlasových staníc Far East Broadcasting Company, Asia Broadcast Station a Washington Christian Radio System.

O tri roky neskôr v roku 1993 bola Manminská centrálna cirkev vybraná kresťanským časopisom *Christian World* (USA) za jednu z „50 najlepších svetových cirkví" a z univerzity *Christian Faith College* na Floride v USA dostal Dr. Lee čestný doktorát v Bohosloví. V roku 1996 na teologickom seminári *Kingsway Theological Seminary in Iowa* v USA získal doktorát v Službe.

Od roku 1993 má Dr Lee vedúce postavenie vo svetovej missi prostredníctvom mnohých zahraničných výprav do Tanzánie, Argentíny, Baltimore City, Los Angeles, na Hawaj, do New Yorku v USA, Ugandy, Japonska, Pakistanu, Kene, na Filipíny, Honduras, do Indie, Ruska, Nemecka, Peru, Demokratickej republiky Kongo, Izraela a do Estónska.

V roku 2002 bol hlavnými kresťanskými novinami *Christian newspapers* v Kórei nazvaný „celosvetovým pastorom" kvôli jeho práci na rôznych zámorských výpravách. Zvlášť jeho výprava do New Yorku v roku 2006, ktorá sa konala na námestí Madison Square Garden, najväčšej svetoznámej aréne, bola vysielaná 220 národom, a jeho výprava do Izraela v roku 2009, ktorá sa konala v Medzinárodnom kongresovom centre v Jeruzaleme, na ktorých smelo vyhlásil, že Ježiš Kristus je Mesiáš a Spasiteľ. Jeho kázeň je vysielaná v 176 krajinách pomocou satelitov, vrátane GCN TV. Bol vyhlásený za jedného z desiatich najvplyvnejších kresťanských vodcov roku 2009 a 2010 v populárnom ruskom kresťanskom časopise *In Victory* a novou agentúrou *Christian Telegraf* pre jeho presvedčujúce televízne vysielanie kresťanskej omše a zahraničnej cirkevnej službe.

Od Apríl 2017 má Manminská centrálna cirkev kongregáciu s viac ako 120 000 členmi. Bolo založených 11 000 filiálok po celom svete, vrátane 56 domácich filiálok, a zatiaľ viac ako 102 misionárov bolo poslaných do 23 krajín, vrátane Spojených štátov, Ruska, Nemecka, Kanady, Japonska, Číny, Francúzska, Indie, Kene a mnohých ďalších krajín.

K dátumu tohto uverejnenia Dr Lee napísal 108 kníh, vrátane bestsellerov *Ochutnať Večný Život pred Smrťou, Môj Život Moja Viera I & II, Posolstvo Kríža, Miera Viery, Nebo I & II, Peklo* a *Božia Moc*. Jeho diela sú preložené do viac ako 76 jazykov.

Jeho kresťanský stĺpec je vydávaný v časopisoch *The Hankook Ilbo, The JoongAng Daily, The Chosun Ilbo, The Dong-A Ilbo, The Seoul Shinmun, The Kyunghyang Shinmun, The Hankyoreh Shinmun, The Korea Economic Daily, The Korea Herald, The Shisa News* a *The Christian Press*.

Dr Lee je v súčasnej dobe vedúcou osobnosťou mnohých misijných organizácií a združení: Chairman, The United Holiness Church of Jesus Christ; Permanent President, The World Christianity Revival Mission Association; Founder & Board Chairman, Global Christian Network (GCN); Founder & Board Chairman, World Christian Doctors Network (WCDN); a Founder & Board Chairman, Manmin International Seminary (MIS).

Nebo I

Podrobný nákres nádherného životného prostredia, z ktorého sa tešia nebeskí príslušníci a krásny popis rôznych úrovní nebeského kráľovstva.

Posolstvo kríža

Úžasné posolstvo prebudenia pre všetkých ľudí, ktorí sú duchovne spiaci! V tejto knihe nájdete dôvod, prečo je Ježiš jediný Spasiteľ a naozajstnú lásku Boha.

Peklo

Úprimné posolstvo Boha celému ľudstvu, ktorý chce, aby ani jedna duša nepadla do hlbín pekla! Objavíte nikdy predtým neodhalený opis krutej reality Dolného podsvetia a pekla.

Duch, Duša a Telo I & II

Sprievodca, ktorý nám dáva duchovné porozumenie ducha, duše a tela a pomáha nám zistiť druh nášho „ja", aby sme mohli získať moc poraziť temnotu a stať sa duchovným človekom.

Miera viery

Čo je to za príbytok, vence a odmeny, ktoré sú pre vás pripravené v nebi? Táto kniha poskytuje múdre pokyny pre vás o tom, ako merať vieru a dosiahnuť tú najlepšiu a najzrelšiu vieru.

Prebuď sa, Izrael

Prečo Boh dohliadal na Izrael od začiatku sveta až dodnes? Aká Božia prozreteľnosť bola pripravená na posledné dni pre Izrael, ktorý čaká na Mesiáša?

Môj Život Moja Viera I & II

Najvoňavejšia duchovná vôňa získaná zo života, ktorý kvitol s neporovnateľnou láskou k Bohu, uprostred temných vĺn, studeného jarma a najhlbšieho zúfalstva.

Božia moc

Musíte si prečítať túto knihu, ktorá slúži ako základný sprievodca na získanie pravej viery a okúsenie úžasnej Božej moci.